MAD.DC

Dos capitales dibujadas

Drawing two capitals

SPAIN arts & culture

MUSEO ABC FUNDACIÓN COLECCIÓN ABC

cultura, turismo y deporte | MADRID

LA FABRICA

Oficina Cultural de la Embajada de España en Washington, D.C.

Cultural Office of the Embassy of Spain in Washington, D.C.

Madrid y Washington: seis dibujantes, dos ciudades, un museo y una oficina cultural

Madrid and Washington: six illustrators; two cities, one museum, and one cultural office

Paul Klee escribió que *el dibujo es llevar una línea de paseo*, pero, puestos a pasear, nada mejor que el ser humano, ese *flâneur* del que hablaba Walter Benjamin: alguien que se pierde en la ciudad, que se pierde con método, que se deja llevar, que deambula. Y a seis seres humanos nacidos en España los hemos embarcado en este proyecto de pasear por la capital del Reino y también por la de Estados Unidos, Washington, uniendo así ambas ciudades en un mismo planteamiento creativo que ahora ve la luz en papel.

La idea no es desde luego original, ni nueva para la Oficina Cultural en Washington, y forma parte de su objetivo fundacional: dar a conocer en este país a los muy talentosos creadores españoles. En *Illustrating Spain in the US*, siete artistas de cómic ilustraban siete ámbitos de la presencia de España en Estados Unidos. Y en *DC.es*, proyecto con derecho a libro en esta misma editorial (La Fábrica), cinco fotógrafos españoles, ex becarios de la Academia de España en Roma, mostraban trabajos realizados tras una estancia en Washington. Esta vez, el plan era trasladar esa misma esencia al dibujo, y eso es *MAD.DC,* un proyecto para el que encontramos un socio ideal en el Museo ABC de Dibujo e Ilustración y una cómplice perfecta en su directora, Inmaculada Corcho, que se unió de inmediato con su entusiasmo contagioso, al igual que el equipo de La Fábrica. La publicación en una editorial de prestigio, con distribución en Estados Unidos y textos bilingües, convierte este proyecto en uno de largo recorrido y no en flor de un día.

Un planteamiento simple: seis dibujantes o ilustradores, un viaje a Washington (tres en otoño y tres en primavera, las estaciones en las que esta ciudad brilla con luz propia, del esplendor del *Cherry Blossom* al festival de colores de noviembre —aunque esta vez estuvieran pasados por agua—) y un resultado, siempre de ida y vuelta, como los cantes flamencos. Un resultado que se materializa en dos exposiciones —una en Washington y otra en Madrid— y en este libro que el lector tiene entre las manos, con obras de ambas ciudades a cargo de los seis dibujantes.

Dejamos que Inmaculada, con su gran conocimiento de la escena local, escogiera a seis ilustradores que tuvieran una sola cosa en común: la calidad. Pero también que ofrecieran miradas distintas sobre la ciudad y formas propias de plasmarla, permitiendo así encontrar la variedad. A los elegidos los recibimos en esta ciudad donde lo verde se junta con lo solemne, donde el poder se mezcla con la naturaleza, y aprovechamos la hospitalidad del profesor Villarrubia en el Maryland Institute College of Art (MICA) de Baltimore para que dieran un salto a nuestra urbe vecina y compartieran con sus estudiantes sus dibujos.

Lo cierto es que no podemos estar más contentos con el fruto de estos meses de trabajo intenso. Como todo proyecto de esta Oficina, este ha sido un trabajo coral: desde la idea inicial hasta la ejecución, todo ha sido un esfuerzo colectivo. Sirva, pues, este libro —también coral y también colectivo— para dar a conocer en este país a nuestros artistas del dibujo y la ilustración. Sin duda, nuestros creadores en este campo encuentran aquí una gran acogida; es uno de los ámbitos en los que mejor viaja nuestra cultura, con ilustradores que están trabajando con los medios más prestigiosos del país. Esperemos que este proyecto cumpla su función, que es la nuestra: darles visibilidad, y de paso unir a estas dos ciudades, enseñar mejor Madrid a los washingtonianos y DC a los madrileños. Que el lector disfrute de este libro como nosotros hemos disfrutado con todo el proceso.

Paul Klee wrote that *drawing is taking a line for a walk*, but when it comes to walking there is nothing better than a human being, particularly the *flâneur* described by Walter Benjamin: someone who gets lost in the city, but gets lost with a method, wandering and getting carried away. And we have launched six human beings born in Spain into this project of wandering around both the Spanish capital and its counterpart in the United States—Washington—, bringing the two cities together through a single creative approach that is now seeing the light of day on paper.

Of course, this idea is not original, nor is it anything new for the Cultural Office in Washington, as it forms part of its underlying aim: to make Spain's extremely talented creatives known in this country. In *Illustrating Spain in the US*, seven comic-book artists illustrated seven instances of the presence of Spain in the United States. And in *DC.es*, a project honored by a book from this selfsame publishing house (La Fábrica), five Spanish photographers (all former recipients of scholarships to the Academy of Spain in Rome) presented work derived from a stay in Washington. This time, the idea was to apply the same approach to drawing, and the result is *MAD.DC*, a project for which we found an ideal partner in the Museo ABC de Dibujo e Ilustración, and a perfect collaborator in its director, Inmaculada Corcho, who came onboard immediately with her contagious enthusiasm, as did the team from La Fábrica. This edition from a prestigious publishing house, with bilingual texts and distribution in the United States, guarantees the project a prolonged shelf life.

The proposal was simple: six illustrators, a trip to Washington (three trips in fall and three in spring, the seasons in which this city really glows, from the splendor of its cherry blossom to the feast of colors in November—although this time they were both soaking wet!), and one end result, going back and forth, like a call and response. An end result that was manifested via two exhibitions—one in Washington, the other in Madrid—and this very book that you have in your hands, complete with drawings of both cities produced by the six illustrators.

We left it to Inmaculada, with her extensive knowledge of the local scene, to choose the six illustrators, who had but one thing in common: sheer class. They provided distinct gazes on the city and their own ways of capturing it, resulting in great variety. We welcomed these chosen illustrators to this city where greenery borders on solemnity, where power is mixed with nature, and we enjoyed the hospitality of Professor Villarrubia in the Maryland Institute College of Art (MICA) in Baltimore, who enabled the illustrators to travel to our neighboring city and share their drawings with his students.

The truth is that we could not be more thrilled by the fruit of these months of intense work. Like all the projects undertaken by this Office, this has been a shared endeavor: everything has been a collective effort, from the initial idea to the execution. This book—equally collaborative—serves, therefore, to showcase our artists from the world of drawing and illustration in this country. They will undoubtedly be well received, as illustration is one of the fields that most effectively transports our culture, and our illustrators are now working with the most prestigious media outlets in the United States. We hope that this project fulfills our desire to give them even greater visibility and, at the same time, bring together these two cities by throwing greater light on Madrid for the citizens of Washington and on DC for those of Madrid. And may the reader enjoy this book as much as we have enjoyed the entire process.

Inmaculada Corcho

Comisaria
Curator

Cierto panorama de la ilustración española actual
An overview of Spanish illustration today

A finales del siglo XX, parecía que la batalla estaba perdida: el peso de las imágenes ilustradas para prensa y publicidad recaía en la fotografía, mientras que las ilustraciones quedaron enclaustradas en una raquítica literatura infantil y las historietas se decoloraban en los quioscos o sobrevivían en librerías muy especializadas. Los años dorados de la televisión hicieron protagonista a la imagen en movimiento, el dibujo animado nos sedujo y quedamos irremediablemente enganchados a él. La ilustración fija parecía cosa del pasado. Los cambios socioculturales y las novedades tecnológicas transformaron el entorno de la creación gráfica en general, y de la ilustración en particular. La llegada del comercio global no solo alteró el negocio editorial, sino también los contenidos que se distribuían y cómo se publicaba. Por otro lado, los cambios estéticos y artísticos de las últimas décadas del siglo pasado se extendieron también al campo de la ilustración, que adoptó los preceptos del informalismo, el arte conceptual y el arte pop. La aparición de las herramientas digitales no solo introdujo una nueva forma de trabajar, sino también de pensar y de crear. Abrió brechas tanto para artistas como para espectadores, quienes, en muchos casos, no sabían cómo actuar, perseguidos por una cierta sensación de fraude ante la pérdida del concepto de «original».

Así comenzó el nuevo siglo para la ilustración, transitando por su propio «valle inquietante», a la búsqueda del lenguaje y los espacios para evolucionar, además de obtener, de nuevo, el respaldo del público y del tejido comercial. Todo esto sucedía en el ámbito internacional e incidía duramente en España, con un mercado pequeño, una profesionalización pobre y una internacionalización reducida. Con este panorama, la ilustración española parecía asomarse al abismo o, en el pensamiento de los más agoreros, despeñarse por él, pero el final del siglo XX abría también nuevos caminos para los profesionales del sector. Tocaba hacer de la adversidad virtud y desanclar la ilustración del más tradicional de sus soportes de difusión —el papel—, un medio en el que había ido languideciendo. Los últimos tebeos y revistas apenas alimentaban ya la afición de los más nostálgicos; los libros de textos mostraban estilos cada vez más normalizados, pese a la brillante renovación que se había llevado a cabo en los años setenta y ochenta; las revistas *underground* ya no eran ni subterráneas, ni alternativas, ni subversivas; la literatura ilustrada, sobre todo infantil, pedía a gritos una renovación de contenidos y formatos; y la ilustración de prensa, desplazada por la fotografía, sobrevivía apenas en viñetas de humor cada vez más escasas.

Frente a ello, una nueva revolución, de la mano de la tecnología, desplegó un abanico de posibilidades para renovar las formas de crear, los soportes, los públicos y la difusión. La era digital acarreó cambios físicos en los productos ilustrados, pero también en el pensamiento, en las maneras de entender la ilustración como lenguaje visual y como obra artística. El horizonte de la ilustración se amplió con el nuevo siglo hacia contenidos que algunos entendían como bastardos e intrusistas: videojuegos, cine, animación 3D, realidad virtual, etc., aunque ello significara la aparición de nuevos mercados indispensables para el desarrollo profesional de muchos creadores.

Ante el aparente colapso del cambio de siglo, la ilustración tuvo que recomponerse, tanto en su nicho tradicional de papel como en los nuevos soportes digitales, atendiendo a la demanda de clientes, editores y usuarios. En este sentido, el mundo editorial acertó al apostar y desarrollar lo que ha sido el producto estrella de las últimas décadas —y tabla de salvación para muchas editoriales—, la novela gráfica, que ha llenado librerías, ferias y bibliotecas; ha captado la atención del público alejado de la historieta y el cómic, y el interés de sectores más intelectualizados como el del arte o la literatura. La novela gráfica ha llegado a la actualidad con un alto nivel de madurez y reconocimiento general. Sirvan de ejemplo unos poco títulos: *Los surcos del azar*, de Paco Roca (2007); la saga *Blacksad*, de Juan Díaz Canales y Juanjo Guarnid (2000-2025); *El arte de volar*, de Antonio Altarriba y Kim (2009); *Estamos todas bien*, de Ana Penyas (1017); *Por culpa de una flor*, de María Menen (2023); *El jugador de ajedrez*, de David Sala (2018); *Las meninas*, de Javier Olivares (2014); *Las serpientes ciegas*, de Felipe Hernández Cava y Bartolomé Seguí (2008); *Soy de pueblo*, de Moderna de Pueblo (2015); o *Buñuel en el laberinto de las tortugas*, de Fermín Solís (2008).

En paralelo, otro gran protagonista de la ilustración actual ha sido el álbum ilustrado, dirigido principalmente a público infantil, pero adquirido por adultos. Estas publicaciones han experimentado una auténtica eclosión en los últimos años. Las editoriales han enriquecido sus ediciones con mejores calidades y acabados, pero sobre todo con contenidos originales y novedosos, adaptados a los gustos y pensamientos actuales. Estas publicaciones han logrado enganchar tanto a mayores como a pequeños, gracias a formatos de gran tamaño e ilustraciones sugerentes y llamativas para narrar tanto clásicos revisitados como nuevas historias. No obstante, cabe señalar que la mayoría de los títulos son traducciones al español de ediciones ilustradas por artistas extranjeros y publicadas previamente en otros países. Recogemos algunos ejemplos con firmas nacionales *Limoncito, un cuento de Navidad*, de Javier Saéz Castán (2010); *Ahab y la ballena blanca*, de Manuel Marsol (2014); *Recetas de lluvia y azúcar*, de Eva Manzano y Mónica Gutiérrez Serna (2010); *Un bicho raro*, de Emilio Urberuaga, Paz Rodero y José Morán (2003); *Bombástica Naturalis*, de Iban Barrenetxea (2010); *La vida de los monstruos*, de David Aceituno y Roger Olmos (2018); *Así me lo contaron, así te lo cuento*, de Elena Odriozola (2023); *El sueño de Pablo*, de Antonio Ventura y Pablo Auladell (2008); *Un milagro para Helen*, de Ana Juan (2019); y *100 greguerías ilustradas*, de Ramón Gómez de la Serna y César Fernández Arias (2007).

En los márgenes, para un sector más minoritario, las ediciones alternativas y las autoediciones han dado lugar a productos imaginativos y caprichosos que aportan novedad e ingenio a un sector que rápidamente tiende a la repetición y la normalización. En este contexto, y como muestra de la importancia que han adquirido estos materiales, cabe destacar la colección de cómics y fanzines del Museo Nacional Centro de Arte Reina Sofía, disponible en su biblioteca, así como la exposición recientemente inaugurada en el IVAM *¡Esto no es cómic!*, dos maneras de conocer la historia y el panorama actual del fanzine y la autoedición. A ellos se suma su presencia en salones y ferias del sector y jornadas y festivales monográficos entre los que merece la pena destacar Graf, que se viene celebrando desde 2013, y Libros Mutantes, desde 2017.

Y así llevamos veinticinco años del siglo XXI. Superada (aparentemente) la crisis del cambio de siglo, la ilustración parece vivir un momento brillante y está muy presente en el panorama cultural. Al reciente *boom* de la producción editorial —que ha traído consigo nuevos sellos y ha hecho que las grandes editoras creen colecciones dedicadas a las obras ilustradas— se han sumado un aumento significativo de los salones de cómic, ferias y festivales, algunas revistas ilustradas o sobre ilustración, plataformas digitales, agencias, producciones cinematográficas, videojuegos y otros derivados audiovisuales de la animación para publicidad o diseño gráfico. La ilustración se ha expandido a la calle, a los muros y a la señalética en un ejercicio de expansión sin precedentes. Museos, galerías y centros de arte introducen en sus programas actividades y exposiciones dedicadas a ilustradores y a sus obras, algo impensable en décadas anteriores.

La exposición *¡Viaje con nosotros!* organizada en La Casa Encendida en 2008 apostaba por una manera «seria» de presentar este tipo de obras y autores. También la aparición del Museo ABC de Dibujo e Ilustración en 2010, creado con el objetivo de abrir al público y difundir la colección de ilustración histórica más importante de España, procedente del archivo gráfico del diario *ABC*, fue un paso muy importante para situar la ilustración en el foco de atención del público y de las instituciones, especialmente por su contribución a reforzar el valor patrimonial de estos archivos y colecciones. Del mismo modo, la exposición *Krazy Kat es Krazy Kat es Krazy Kat* en el Reina Sofía demostró que en los grandes museos también hay cabida para la baja cultura, a veces no tan baja, abriendo el camino a otros muchos proyectos que se han realizado desde entonces en ese centro o en otras instituciones.

Se han multiplicado los certámenes y programas de becas y de residencias, así como los premios y reconocimientos. En este sentido, ha sido significativa la reconversión del Premio a las mejores ilustraciones infantiles y juveniles, entregado desde 1978, a Premio Nacional de Ilustración en 2008 y la creación, un año antes, del Premio Nacional de Cómic. A los tradicionales salones de cómic se han unido celebraciones en diferentes formatos y promovidas desde distintos ámbitos públicos y privados. Iniciativas que han pasado a constituir un entorno más propicio al desarrollo laboral para los creadores del sector, que ahora completan su trabajo artístico con el desempeño de la docencia, las clases magistrales, los talleres, la participación en jornadas, charlas, mesas redondas o medios de comunicación, todo ello en pro de una mayor difusión de sus obras y de sus trabajos, y de diversificar las fuentes de ingresos.

Decir siglo XXI y era digital es una misma cosa; hoy en día, ningún sector se entiende sin este soporte. Lo analógico es solo parte del proceso, y no necesariamente para todos, ya que los ilustradores e ilustradoras más jóvenes forman parte de esa generación conocida como nativos digitales, que se desenvuelven hábilmente en este terreno, pero con gran desconocimiento de las técnicas de dibujo tradicionales. Y este cambio tecnológico ha sido determinante para la ilustración. Como ya hemos mencionado, hay vida más allá del papel para una disciplina creativa que atraviesa un momento brillante de expansión pero que, sin embargo, como industria mantiene su propia guerra por la rentabilidad y supervivencia de los productos tradicionales; una lucha llena de contradicciones si atendemos a los indicadores del mercado editorial en España en 2024, que señalan que entre los géneros más vendidos se encuentran algunos directamente relacionados con la ilustración, como los libros infantiles y la novela gráfica y el cómic. Esto demuestra que el papel sigue teniendo un gran potencial dentro del sector de la ilustración.

Con todo, las perspectivas del sector pasan por la diversificación de la profesión y los profesionales, una diversificación que se apoya, de manera resumida, en tres factores: los cambios técnicos y productivos, la profesionalización de los ilustradores y el desarrollo de nuevos contenidos. Los nuevos escenarios necesitan nuevos agentes, nuevas herramientas y nuevas soluciones. Está claro que actualmente la ilustración es un medio con múltiples posibilidades y múltiples caras, que aportan sostenibilidad y renovación al sector. Por otro lado, es evidente que actualmente se trabaja con otros sistemas y procesos: hay una mayor profesionalización y formación, lo que también significa una mayor oferta para los clientes, pero más competencia para los ilustradores. Por este motivo, resulta fundamental mejorar la formación y elevar la calidad de los trabajos. En este sentido, en España sigue siendo necesario revisar los planes de estudio profesionales y superiores de las escuelas y universidades donde se imparte formación en ilustración. Esta formación, aún fuertemente vinculada a las escuelas de Bellas Artes, se basa en unos planes anclados en las disciplinas artísticas tradicionales, que ignoran aspectos como dar a conocer el funcionamiento del mercado, las técnicas de *marketing* o, simplemente, la formación en la elaboración y gestión de proyectos. En otras ocasiones, la formación se encuentra entroncada en las escuelas profesionales con disciplinas en artes aplicadas. En ambos casos, universidades y escuelas —esencialmente las públicas— cuentan con profesorado poco especializado y poco sensible a esta disciplina, pues para muchos es un arte secundario, por no decir residual.

En este escenario de cambios, variado y complejo, la renovación de los contenidos también es protagonista. Los ilustradores e ilustradoras han abordado una gran diversidad de temas, respondiendo tanto a intereses individuales como colectivos. El relevo generacional ha supuesto, inevitablemente, un cambio en los focos de atención. La ilustración actual recoge un amplio espectro de historias y narrativas que transitan desde lo histórico —basado en hechos reales, biografías, revisiones de literatura clásica, etc.— hasta temas intimistas, centrados en emociones y sensibilidades personales. Todo ello sin olvidar sagas de ficción históricas que han ido estirando y desdoblando las tramas originales, y nuevas ficciones surgidas del imaginario y la creatividad de los autores, a lo que se suma el universo manga, que también penetra en el panorama nacional. Además, fruto de las inquietudes socioculturales y políticas actuales, han aparecido nuevos temas de interés global tratados por los ilustradores, como las cuestiones de género, la sostenibilidad, la ecología, problemas sociales, conflictos armados, integración o migración... Temáticas que se ilustran tanto para adultos como para niños.

En el ámbito de la ilustración digital, las historias de ficción son mayoritarias y han generado un nutrido repertorio de videojuegos y producciones cinematográficas de fantasía y ciencia ficción dirigidas a públicos de todas las edades. Más allá de la industria cultural y del entretenimiento, en el terreno de la industria, la ciencia, la tecnología, el conocimiento y la información se ha incorporado la ilustración técnica como medio de comunicación visual. El diseño gráfico ya la había asumido como lenguaje, pero actualmente marcas y empresas la emplean en sus procesos para la creación de prototipos y recreaciones 2D o 3D, dentro de investigaciones o presentaciones en ámbitos como la ingeniería o la medicina, en materiales de información y difusión, como las infografías en los medios de comunicación. Todas estas creaciones aportan realismo y mejor definición a las imágenes, o simplifican la forma de presentar al público resultados y conceptos complejos.

A esta gran variedad de temas se une un amplio abanico de lenguajes y estilos, reflejo de la diversidad artística y del intercambio cultural que impera en todo el mundo. El recorrido traza un panorama que va del hiperrealismo, heredero de la ilustración literaria de finales del siglo XIX y comienzos del XX, pasando por la tendencia sintética y *minimal* surgida de la línea clara y ciertos aspectos del surrealismo pop, así como de la estela dejada por el dibujo animado de mediados del siglo XX, hasta llegar a prácticas derivadas del uso de recursos publicitarios, del diseño gráfico y de la tipografía. Otras propuestas discurren por corrientes más expresivas y gestuales, en una clara vuelta a la pintura. También encontramos estilos más decorativos, de trazos sencillos y amables, que ilustran nuevas tendencias de consumo y enraízan con un sector de la ilustración oriental, intimista y *cute*, muy del gusto de las nuevas generaciones.

Realmente, el espectro temático y estilístico es amplio y variado. Esta diversidad, sin embargo, ha ido entrando en una fuerte normalización en los últimos años, fruto de condicionantes socioculturales que afectan a los contenidos y al uso de herramientas digitales muy estandarizadas que inciden directamente en la apariencia y en el estilo. Nos referimos, en el primer caso, a todas aquellas corrientes de reglas normativas que tienen que ver con la integración, el revisionismo, lo inclusivo, lo no ofensivo y lo políticamente correcto: una forma de aplicar modelos que cohíben y censuran la creación, estandarizando los asuntos que se tratan y la manera en que se representan. Y en cuanto a las herramientas de trabajo, los programas, aplicaciones y repertorios de imágenes tienden a uniformar estas, sobre todo para los contenidos menos creativos, pero que más difusión tienen, como los destinados a la publicidad y el diseño gráfico. La reciente aparición de la IA ahonda aún más en la normalización y en la falta de personalidad de las imágenes, falseando las obras en demérito del trabajo de los artistas.

Hemos dibujado un panorama general de la ilustración en España como un territorio de luces y sombras, con contradicciones. Depende del punto de vista desde el que se mire, lo podemos calificar de floreciente o, por el contrario, de estar en una situación crítica, con carencias que requieren ser revisadas y solucionadas. Sin embargo, este ha sido el escenario en el que varias generaciones de autores han dibujado un mapa rico y diverso para este primer cuarto del siglo XXI: desde quienes comenzaron su trayectoria en los años setenta del pasado siglo, sobrepasaron el umbral del año 2000 y siguen o han seguido en activo hasta bien entrado el siglo (algunos de ellos ya fallecidos, pero destacables aquí por el peso que sus carreras han tenido en el panorama actual), hasta los más jóvenes, que disfrutan de la aceptación del mercado y del público.

Apelando al dicho clásico de «son todos los que están, pero no están todos los que son», recogemos aquí cien nombres, un listado de artistas que crean desde distintas categorías de la ilustración y que nos permiten otear el amplio horizonte de esta disciplina. Pedimos disculpas a todos aquellos que no nombramos por no convertir este texto en un repertorio inacabable. Los recogemos por orden alfabético de apellidos o seudónimo: Abe the Ape, Pablo Alaudell, Laura Alejo, Alfredo, Pablo Amargo, Jorge Arévalo, Cinta Arribas, Aryz, Alfonso Azpiri, Juan Berrio, Carla Berrocal, Riki Blanco, Boa Mistura, J. M. Brea, Miguel Brieva, Ana Bustelo, Miguel Calatayud, Javier Castán, Ricardo Cavolo, Celsius Pictor, Javier Chavarría, Marta Chirino, Jesús Cisneros, Joaquín Dorao, Arturo Elena, El Roto, César Fernández Arias, Raúl Fernández Calleja, Isidro Ferrer, Forges, Victoria Francés, Miguel Gallardo, Ana Galvañ, Esther García, Mila García, Sergio García, Carmen García Huerta, Enrique Gato, Esther Gili, Lula Goce, Carlos y Jorge Grangel, Juanjo Guarnido, Mónica Gutiérrez Serna, Sara Herranz, María Herreros, María Hesse, Javier de Isusi, Ana Jarén, Carlos Jiménez, Carolina Jiménez, Ana Juan, Javier de Juan, Kim, Jordi Labanda, Laprisamata, Salvador Larroca, Bea Lema, Violeta Lopiz, Malota, Javier Mariscal, Manuel Marsol, Iván Mata, Max, María Meden, Alberto Mielgo, Mingote, Ana Miralles, Moderna de Pueblo, Ignasi Monreal, Miguel Navia, Elena Odriozola, Javier Olivares, Ana Oncina, Sergio Pablos, Carlos Pacheco, Ana Penyas, Mirella Pérez, Laura Pérez Vernetti, Ana Pez, Maria Picassó, Miguel Anxo Prado, Sonia Pulido, Nuria Riaza, Raquel Riba, Emma Ríos, Paco Roca, Ana Rojo, Javi Royo, David Rubín, Alfonso Ruano, Carmen Saldaña, Antonia Santolaya, Bartolomé Seguí, Sfhir, Carmen Solé, Curro Suárez, Daniel Torres, Alex Trochut, Emilio Urberuaga, Teresa Valero, Eva Vázquez, Fernando Vicente, Noemí Villamuza, Javier Zabala y Alfonso Zapico.

Hay muchos panoramas de la ilustración española actual. Este es uno, uno más. Hay muchos estudios, cada vez más, que abordan autores o temas parciales sobre esta disciplina artística. Se han confeccionado numerosos repertorios, diccionarios y bases de datos que recogen información muy valiosa de artistas históricos y actuales. Todo suma y nos pone en la pista para investigar y conocer mejor esta parcela de arte que todavía adolece de una historia completa, más o menos exhaustiva, pero una historia, de esas de manual universitario, que enmarque y describa la trayectoria global de nuestra ilustración y permita entender y valorar su envergadura.

Dentro de la efervescencia actual que vive la ilustración y de las numerosas acciones y actividades culturales que la rodean, el dibujo en la calle, el cuadernismo, el movimiento global de los *urban sketchers* es uno de los que más aceptación tiene. En 2011, el Museo ABC en Madrid inició el programa *Dibujamadrid*, una actividad que ha adoptado diversos formatos y que ha tenido también sus versiones fuera de la ciudad, recorriendo diferentes municipios de la comunidad madrileña, y fuera de España, visitando las ciudades de México, Guatemala, Casablanca y Manila, en un proyecto llevado a cabo junto con AECID. Se trataba de actividades para público general, pero dirigidas por ilustradores profesionales, algunos de ellos vinculados estrechamente con el cuadernismo, pero, en otros casos, por ilustradores e ilustradoras que aportaban otras maneras de aproximarse al dibujo de la ciudad y de otros espacios. La idea era registrar estampas diversas, retratos personales de los entornos que se visitaban, a veces siguiendo un hilo temático o marcando un itinerario previo. Cada uno de los participantes dibujaba, aprendía y compartía su trabajo, en una o varias jornadas, y el resultado era un *collage* variado y original de imágenes de un mismo lugar.

En 2024, la Oficina Cultural de España en Washington y el Museo ABC pusimos en marcha el proyecto *MAD.DC*, siguiendo la línea de trabajar la ilustración urbana y dibujar las ciudades de Washington y de Madrid. En esta ocasión no ha sido una actividad abierta, sino que se ha invitado a seis ilustradores e ilustradoras, seleccionados para que ofrecieran miradas diversas sobre las dos ciudades. Todos ellos utilizan formas distintas de trabajar, proceden de diferentes campos de la ilustración y son próximos, en mayor o menor medida, al dibujo de la ciudad. Las obras que han realizado para este proyecto componen seis recorridos personales y nos ofrecen una mirada caleidoscópica de las dos capitales.

A la manera del cuadernista tradicional trabaja Joaquín Dorao. Esboza sus dibujos de manera rápida y rellena hoja tras hoja de sus libretas, tomando apuntes y notas que luego terminará de definir y perfilar hasta obtener la obra definitiva. En ocasiones no hará falta ese trabajo posterior: su manejo de la técnica y su mirada adiestrada para captar velozmente aquello que quiere dibujar le permiten realizar en el terreno dibujos totalmente terminados que tienen la frescura del trabajo hecho de manera rápida y espontánea, pero cargados de delicadeza y sensibilidad.

Ana Rojo se sitúa también en la línea del dibujante de calle de acuarela y papel, pero su proceso de trabajo es más prolongado y su obra final resulta de la unión de diferentes imágenes fotográficas o bocetos tomados en el lugar que le interesa. Sucesivas escenas o partes de ellas pasan a formar la imagen final, que la artista completa meticulosamente en el estudio. Las personas que transitan por sus dibujos son protagonistas de escenas cotidianas que dan vida y sentido a las ilustraciones. Los dibujos de Ana Rojo muestran lugares, pero también trasmiten sonidos y conversaciones. A veces dan la sensación de que la imagen cobrará movimiento de un momento a otro.

Muy diferente es la manera de ver la ciudad por Antonia Santolaya; con un estilo más secuencial, su forma de mirar compone *storyboards* de imágenes y textos. Esta ilustradora lleva el lenguaje y la narrativa de la novela gráfica al cuadernismo, y sus dibujos urbanos forman parte de una historia. Viñeta tras viñeta, la artista rellena cuadernos con situaciones, escenas y lugares, acompañados de comentarios, frases escuchadas y descripciones propias. Como Joaquín Dorao, trabaja en la calle de forma muy intuitiva e impulsiva. Algunos dibujos quedan casi acabados *in situ*; otros terminarán de cobrar sentido más tarde, amalgamando todos los detalles registrados en sus cuadernos.

Desde otro registro trabaja Javier Chavarría, con un carácter escenográfico y conceptual propio del terreno donde suele desarrollar gran parte de su trabajo profesional: el teatro. La imagen de la ciudad queda modificada en el papel y ofrece al espectador una estampa simbólica y surrealista fruto de transformar la realidad en escenarios y recomponerla en ellos con un carácter simbólico, creando espacios nuevos y destacando elementos icónicos que dan sentido a cada estampa. Los dibujos urbanos de Javier Chavarría superponen figuras, técnicas e historias, apoyados en una paleta de color impactante.

También es colorista la propuesta que plantea Curro Suárez, con sus imágenes de la ciudad de estilo *fifties*, entre el lenguaje publicitario (el mundo profesional del que procede), la ilustración y el dibujo animado. Sus obras resultan visualmente muy atractivas, con grandes manchas de colores muy contrastadas sobre las que crecen las arquitecturas y los elementos urbanos, perfilados con expresivas líneas de tinta negra. Figuras rotundas, dotadas de gran monumentalidad, que protagonizan espacios vacíos, solo habitados por la línea y el color vibrante.

Finalmente, la visión renovada y fresca de Cinta Arribas revisa las ciudades de Washington y Madrid desde una estética de nueva generación, en la que se unen la figuración naíf y sencilla, y los colores llamativos y planos. Son imágenes rotundas en sus formas y muy informativas, en línea con el trabajo que Cinta Arribas realiza para prensa. Su forma de mirar registra escenas cotidianas de actualidad que reproduce en sus dibujos con cierta ironía y humor, destacando, como ella misma dice, que «la vida siempre debería ser un poco más divertida».

MAD.DC ha sido un proyecto de dibujo en la calle que culmina en esta publicación y que se presentará en las salas del Centro Cultural de España en Washington y en las del Museo ABC en Madrid.

At the end of the 20th century, the battle seemed to have been lost: the weight of illustrative images for the press and advertising had fallen on to photography, while illustrations were confined to obsolete children's books and comic strips gathered dust on newsstands, only surviving in extremely niche bookstores. The golden years of television placed the emphasis on the moving image and we were seduced by animated cartoons and became irredeemably hooked. Static illustration seemed a thing of the past. Sociocultural changes and technological advances transformed the approach to graphic art in general, and illustration in particular, while globalization modified not only the publishing industry itself but also the contents and the ways they were published. Furthermore, the esthetic and artistic shifts experienced in the closing decades of the last century were also felt in illustration, which took onboard the precepts of informalism, conceptualism, and Pop Art. And the emergence of digital tools ushered in new ways of working, as well as new ways of thinking and creating, unnerving artists and commentators haunted by a sense of impostorism triggered by the disappearance of the "original" art work.

This was the state of illustration at the turn of the century, as it passed through its own "uncanny valley", in its quest to find a language and a context in which it could evolve, as well as win back the support of the public and the business sector. These developments were felt all over the world but they had a particularly strong impact on Spain, which had a small market, little professionalization, and limited internationalization. In these circumstances, Spanish illustration seemed to be peering into the abyss, or even, according to some prophets of doom, tumbling headlong into it. However, the late 20th century did also open up new opportunities for illustration. It was a matter of making a virtue out of necessity and severing illustration from its most traditional support—paper—, where it had languished in the last remaining comics and magazines, with their dwindling nostalgic readership; in textbooks with an increasingly standardized style (despite the magnificent renovation witnessed in the 1970s and 1980s); in "underground" publications that were no longer alternative nor subversive; in illustrated literature, particularly for children, that was also in dire need of an overhaul of both its contents and its formats;

and in press illustration, which had been overtaken by photography and reduced to increasingly scarce humorous cartoons.

In these circumstances, a new revolution powered by technology unfurled a whole range of possibilities for renewing the creative forms, supports, consumption, and distribution of illustration. The digital era introduced physical changes in illustrated products but it also brought new ways of thinking, of understanding illustration as a visual language and art form. Its horizons broadened in the new century to embrace contents that were considered in some quarters as bastards or intruders—videogames, cinema, 3D animation, virtual reality, etc.—, along with new markets that became indispensable for the professional development of many creatives.

In the face of an apparent collapse at the turn of the century, illustration had to regroup (both in its traditional domain of paper and in the new digital supports) and respond to the demands of clients, editors, and consumers. In this respect, publishers have struck gold in recent decades by fostering the graphic novel, which has become the main money-spinner (and saving grace) for many of them. The graphic novel has filled bookstores, fairs, and libraries, as well as capturing the attention of a public previously immune to comics and appealing to intellectual circles in the worlds of art and literature. The Spanish graphic novel has now attained a high degree of maturity, along with widespread acclaim. These few titles will serve as examples: *Los surcos del azar* by Paco Roca (2007); the *Blacksad* saga by Juan Díaz Canales and Juanjo Guardino (2000-2025); *El arte de volar* by Antonio Altarriba and Kim (2009); *Estamos todas bien* by Ana Penya (2017); *Por culpa de una flor* by María Menen (2023); *El jugador de ajedrez* by David Sala (2018); *Las meninas* by Javier Olivares (2014); *Las serpientes ciegas* by Felipe Hernández Cava and Bartolomé Seguí (2008); *Soy de pueblo* by Moderna de Pueblo (2015); and *Buñuel en el laberinto de las tortugas* by Fermín Solís (2008).

At the same time, the other main protagonist of contemporary illustration has been the illustrated album, primarily aimed at children but bought by adults. These publications have experienced a veritable boom. Publishing houses have enriched their editions by improving the quality and finishing, as well as providing, above all, innovative and original content catering to contemporary tastes and concerns that appeal to both adults and kids. These large-format publications with evocative and arresting illustrations retell classic tales or offer brand-new stories, although it should be pointed out that most of these titles are Spanish translations of books previously published in other countries, with illustrations by foreign artists. Nevertheless, we can mention some examples produced entirely in Spain: *Limoncito, un cuento de Navidad* by Javier Sanz Castán (2010); *Ahab y la ballena blanca* by Manuel Marsol (2014); *Recetas de lluvia y azúcar* by Eva Manzano and Mónica Gutiérrez Serna (2010); *Un bicho raro* by Emilio Urberuaga, Paz Rodero and José Morán (2003); *Bombástica Naturalis* by Iban Barrenetxea (2010); *La vida de los monstruos* by David Aceituno and Roger Olmos (2018); *Así me lo contaron, así te lo cuento* by Elena Odriozola (2023); *El sueño de Pablo* by Antonio Ventura and Pablo Alaudell (2008); *Un milagro para Helen* by Ana Juan (2019); and *100 greguerías ilustradas* by Ramón Gómez de la Serna and César Fernández Arias (2007).

More peripheral alternative and self-publishing ventures aimed at minority readerships have created quirky, imaginative products that have brought freshness and ingenuity into a sector that can all too quickly succumb to repetition and standardization. One outstanding indicator of the importance that such products have acquired is the collection of comics and fanzines in the Museo Nacional Centro de Arte Reina Sofía, which can be consulted in its library, and the exhibition that recently opened in the IVAM, *¡Esto no es cómic!* Together, they provide two approaches to the history and current state of the fanzine and the self-publishing phenomenon, further enhanced by their representation in book fairs, as well as in specialist festivals and other events, particularly *Graf*, which has been in existence since 2013, and *Libros Mutantes*, which began in 2017.

And here we are, 25 years into the 21st century, with the crisis at the turn of the millennium apparently overcome. Illustration now seems to be experiencing a moment of glory and shining brightly in the cultural firmament. This recent boom, which has given rise to new publishers and spurred the major players to create their own collections devoted to illustrated works, has been complemented by a significant increase in fairs and festivals, specialist illustration magazines, digital platforms, agencies, film productions, videogames, and other audiovisual by-products of animation for advertising and graphic design. Illustration has spread to the street and on to walls and signposts in an unprecedented expansion. Museums, galleries, and art centers are incorporating activities and exhibitions devoted to illustrators and their work into their programs (something unheard of only a few decades ago).

The exhibition *¡Viaje con nosotros!* organized by La Casa Encendida in 2008 took a "serious" approach to the presentation of this type of work. Moreover, the opening in 2010 of the Museo ABC de Dibujo e Ilustración, which has put on show Spain's most significant collection of historical illustration, drawn from the graphic archives of the *ABC* newspaper, was a very important step that highlighted the role of illustration for both the general public and institutions. Above all, these initiatives have strengthened the patrimonial value of these archives and collections. Similarly, the exhibition *Krazy Kat es Krazy Kat es Krazy Kat* in the Museo Nacional Centro de Arte Reina Sofia demonstrated that there is room in the top-end museums for low culture (sometimes not so low) and opened the doors for many other projects that have been undertaken in this museum and in other institutions of the same caliber.

There has been a proliferation of competitions, scholarship programs, and residencies, along with prizes and—most notably—the creation of the National Prize for Comics in 2007 and the transformation the following year of the prize for the best children's and young adult's illustrations (dating back to 1978) into a National Prize for Illustration. The traditional comic fairs have been complemented by other celebrations in different formats, propitiated by various public and private entities. These developments have given rise to job opportunities for illustrators, who can now couple their artistic creation with teaching and participation in master classes, workshops, seminars, lectures, round tables, and the media, leading to greater dissemination of their work and diversification of their sources of income.

The digital era and the 21st century are obviously one and the same, since no sector has remained untouched by advances in digital technology. Analogical resources form only part of the process—if that, as younger illustrators belonging to the generation known as digital natives are absolutely at home in this new terrain (although they lack knowledge of traditional drawing techniques). These technological developments have been crucial for illustration. As we have already seen, there is life beyond paper for a creative discipline that is reveling in its expansion but is nevertheless, as an industry, fighting for the survival and financial viability of its traditional products. This struggle is full of contradictions, however, as evident from the indicators of the Spanish publishing market in 2024, where some of the most widely sold genres—children's books, graphic novels and comics—are directly related to illustration, showing that paper still has great potential.

Overall, the sector's future lies in diversification, based, broadly speaking, on three factors: technical advances and changes in production processes; the professionalization of illustrators; and the development of new contents. New scenarios require new actors, new tools, and new solutions. Illustration these days is clearly a resource endowed with myriad possibilities and facets that are renovating it and increasing its sustainability. It is equally evident that different systems and processes have now come into play. There is greater professionalization and training, which also means that there is a greater choice for customers but also more competition for illustrators, which makes it essential to improve training and achieve higher standards of work. Accordingly, there is still a need in Spain to revise the programs in schools and higher education that provide training for illustrators, as the latter is still strongly linked to art schools rooted in traditional artistic disciplines that overlook aspects such as analysis of how the market works, marketing techniques, and even, more basically, how to bring a project to fruition. In other cases, training is associated with professional schools that focus on disciplines in the applied arts. In both cases, training is mainly centered on state schools and universities, and their teachers have little specialist knowledge in, or feel for, illustration, often considering it a secondary, or even worthless, art form.

In this complex, evolving scenario, the renovation of content has also played a crucial role. Illustrators have tackled a wide range of subjects that respond to individual and collective concerns. Generational change has obviously shifted the spotlight. Today's illustration embraces a broad spectrum of narratives that run from the historical (based on real events), biographies, reworkings of literary classics, etc., to intimate subjects based on personal emotions and sensibilities. There are also fictional historical sagas that have been teased out beyond their original storylines, as well as new fiction springing from authors' imaginations and creativity. And we must not forget the universe of manga, which has also made its mark on the Spanish scene. Furthermore, today's sociocultural and political preoccupations have given illustrators new topics with a global impact, such as gender issues, sustainability, ecology, societal problems, armed conflicts, integration, and migration, which have been explored for both adults and children.

The field of digital illustration is dominated by fictional stories, resulting in a panoply of videogames, along with fantasy and science fiction film productions aimed at all ages. Apart from culture and entertainment, technical illustration has been adopted as a means of visual communication by industry, science, technology, and IT. Graphic design has long been used as a visual language, but brands and companies are now incorporating it into the creation of prototypes and 2D or 3D simulations in research, into engineering and medical presentations, and into informative materials such as infographics for the media. All these creative tools enhance images by heightening their realism and definition, as well as helping the public to grasp complex concepts and findings in simplified form.

This varied subject matter is echoed by a wide range of stylistic idioms that reflect the artistic diversity and cultural interchanges that now hold sway throughout the world. This eclecticism runs from hyperrealism, heir to the literary illustration of the late 19th and early 20th centuries, passing through the synthetic minimal line derived from the limpidity of one branch of surrealistic Pop Art (as well as the legacy of mid-20th-century animated cartoons) to work that draws on advertising, graphic design, and typography. Other work embraces more expressive gestural trends, clearly indebted to painting, while we can also find more decorative styles with simple, reassuring lines that illustrate new trends in consumerism and tie in with a cute, intimist branch of Oriental illustration much loved by the new generations.

So, the thematic and stylistic spectrum is truly broad and varied, but in recent years this diversity has nevertheless given way to a restrictive homogenization resulting from sociocultural factors that determine the contents of illustrations, as well as the use of highly standardized digital tools that directly impinge on their look and style. In the first instance, we are referring to all the normative trends related to integration, revisionism, inclusivity, wokeness, and the avoidance of giving offense—in other words, the application of models that inhibit and censure creation by standardizing subject matter and the way it is represented. And, as regards work tools, the programs, applications, and menus used to create images can end up making them more uniform, especially for content that is less creative (but most widely disseminated, such as content for advertising and graphic design). The recent emergence of AI has only served to intensify the normalization and lack of personality of images by falsifying them at the expense of input from artists.

We have outlined a general overview of illustration in Spain as a territory of light and shade, subject to contractions. Depending on one's point of view, illustration can be considered to be flourishing or, in contrast, to be in a critical state with deficiencies that need to be evaluated and resolved, but it has undoubtedly served as a stage on which several generations of creative artists have drawn a rich and diverse map for this first quarter of the 21st century, from those who started their career in the 1970s, crossed the threshold of the year 2000, and remained active well into the new century (some have now died but they still stand out for their influence on today's scene) to the younger ones now enjoying acclaim from both the market and the public.

Drawing on the dictum that everybody who is here belongs but not everybody who belongs is here, we have gathered together the following 100 names, a list of artists who have created work within various categories of illustration that enables us to glimpse the huge range of this discipline. Apologies to all those who have been left out in order to avoid turning this text into a never-ending roll call. They are listed in alphabetical order, by their surname or pen name: Abe the Ape, Pablo Alaudell, Laura Alejo, Alfredo, Pablo Amargo, Jorge Arévalo, Cinta Arribas, Aryz, Alfonso Azpiri, Juan Berrio, Carla Berrocal, Riki Blanco, Boa Mistura, J. M. Brea, Miguel Brieva, Ana Bustelo, Miguel Calatayud, Javier Castán, Ricardo Cavolo, Celsius Pictor, Javier Chavarría, Marta Chirino, Jesús Cisneros,

Joaquín Dorao, Arturo Elena, El Roto, César Fernández Arias, Raúl Fernández Calleja, Isidro Ferrer, Forges, Victoria Francés, Miguel Gallardo, Ana Galvañ, Esther García, Mila García, Sergio García, Carmen García Huerta, Enrique Gato, Esther Gili, Lula Goce, Carlos y Jorge Grangel, Juanjo Guarnido, Mónica Gutiérrez Serna, Sara Herranz, María Herreros, María Hesse, Javier de Isusi, Ana Jarén, Carlos Jiménez, Carolina Jiménez, Ana Juan, Javier de Juan, Kim, Jordi Labanda, Laprisamata, Salvador Larroca, Bea Lema, Violeta Lopiz, Malota, Javier Mariscal, Manuel Marsol, Iván Mata, Max, María Meden, Alberto Mielgo, Mingote, Ana Miralles, Moderna de Pueblo, Ignasi Monreal, Miguel Navia, Elena Odriozola, Javier Olivares, Ana Oncina, Sergio Pablos, Carlos Pacheco, Ana Penyas, Mirella Pérez, Laura Pérez Vernetti, Ana Pez, Maria Picassó, Miguel Anxo Prado, Sonia Pulido, Nuria Riaza, Raquel Riba, Emma Ríos, Paco Roca, Ana Rojo, Javi Royo, David Rubín, Alfonso Ruano, Carmen Saldaña, Antonia Santolaya, Bartolomé Seguí, Sfhir, Carmen Solé, Curro Suárez, Daniel Torres, Alex Trochut, Emilio Urberuaga, Teresa Valero, Eva Vázquez, Fernando Vicente, Noemí Villamuza, Javier Zabala, and Alfonso Zapico.

There are many possible overviews of Spanish illustration today—this is just one of them. There has been an increasing proliferation of studies on individual authors or themes related to this artistic discipline. There are numerous directories, dictionaries, and databases that have gathered together invaluable information about illustrators, both past and present. These initiatives have laid the groundwork for further investigation of this artistic field, which nevertheless still lacks any comprehensive account (along the lines of a university manual) that describes and contextualizes the overall trajectory of Spanish illustration and enables us to fully understand and appreciate its achievements.

Of all the many cultural activities and initiatives interwoven with the current boom in illustration, the worldwide movement of urban sketching has particularly caught on. In 2011, the Museo ABC in Madrid launched a street drawing program, *Dibujamadrid*. This had various formats and eventually spread beyond the city of Madrid itself, taking in various places in the local region and even extending beyond Spain to Mexico City, Guatemala City, Casablanca, and Manila, as part of a project undertaken in conjunction with the Spanish Agency for International Development Cooperation. The program's activities were aimed at the general public but they were led by professional illustrators. Some of these had a background in sketching, but others provided new approaches to drawing a city. The idea was to record a range of images of the places visited through personal depictions that sometimes followed a thematic thread or a pre-established itinerary. All the participants drew, learned, and then shared their work, in one or more sessions, and the result was a motley collage of images of a single setting.

In 2024, the Cultural Office of Spain in Washington and the Museo ABC joined forces to launch the project MAD.DC, devoted to drawing the cities of Washington and Madrid along the same lines. This time, however, the event was not open but featured six invited illustrators, chosen to provide a variety of viewpoints of the two cities. They use different working methods and come from different fields of illustration, although all were familiar, to some extent, with drawing cities. The works that they have produced for this project represent six personal tours that come together to offer a kaleidoscopic vision of the two capitals.

Joaquín Dorao works like a traditional sketchbook artist. He draws quickly, filling page after page, recording outlines and details that he later hones and polishes to obtain a definitive work. Sometimes this later stage proves unnecessary, as his technical skill and trained gaze are so penetrating that he can capture what he wants to draw extremely quickly, enabling him to come up with completed drawings in situ that combine freshness and spontaneity with delicacy and sensitivity.

Ana Rojo similarly works within the tradition of street sketchers, using watercolor on paper, but her work process is more elaborate: the end result is a combination of various photo images and sketches of a spot that has attracted her attention. Successive scenes (or parts of scenes) come together to make up the final image, which she meticulously completes in the studio. The people in her drawings are the protagonists of everyday scenes who inject vitality and meaning into her illustrations. In fact, her drawings present not only places but also sounds and conversations, sometimes giving the impression that they could come to life at any moment.

Antonia Santolaya looks at the city in a very different way, with a more sequential style comprising storyboards with images and texts. She brings the language and narrative of the graphic novel to sketching, and her urban drawings form part of a story. She fills her notebooks, one panel after another, with situations, scenes, and places, accompanied by comments and overheard phrases, along with her own descriptions. Like Joaquín Dorao, she works on the street intuitively and impulsively, with some drawings almost finished on the spot, while others come together later through a combination of the details recorded in her sketchbooks.

Javier Chavarría works in a different register, with a dramatic, conceptual approach redolent of the field in which he has spent most of his working life: the theater. He modifies the image of the city on paper to offer the viewer a surrealistic picture that transforms reality into new spaces, into scenes loaded with symbolism, by picking out significant iconic elements that imbue each picture with meaning. His urban drawings superimpose figures, techniques, and stories, backed up by an eye-catching color scheme.

Colorism is also a key feature of the work of Curro Suárez, who offers 1950s-style images of the city, in an idiom somewhere between advertising (his original stomping ground), illustration, and cartoons. His work is visually extremely attractive, with patches of sharply contrasting colors that serve as the basis for urban and architectural elements drawn with expressive lines in black ink. His bulky figures are endowed with great monumentality, dominating empty spaces solely occupied by his lines and vibrant colors.

Finally, the fresh, innovative vision of Cinta Arribas examines the cities of Washington and Madrid through the esthetic of a new generation, bringing together simple, naive figurativism and striking, uniform colors. Her images are emphatic and highly informative, in keeping with the work that she produces for the press. Her gaze takes in current everyday scenes, which she reproduces with a touch of irony and humor, highlighting the view that, in her own words, "life should always be a bit more fun".

MAD.DC was a street drawing project that has culminated in this publication and will be presented in the galleries of the Centro Cultural de España in Washington and the Museo ABC in Madrid.

Cinta Arribas es ilustradora, artista visual y docente. Formada en Bellas Artes en Madrid y Kassel, actualmente vive y trabaja en Valladolid. Su trabajo como ilustradora se centra principalmente en los ámbitos editorial, publicitario y de literatura infantil, y colabora, entre otras, con firmas como *The New York Times*, *El País*, Google y Camper. Entre sus proyectos editoriales están *Bababum* e *Hijos de Fruta*, un fanzine para colorear dirigido al público infantil. Además de la ilustración, desarrolla su trabajo en otras disciplinas como la pintura y la cerámica. Su obra ha sido seleccionada y expuesta recientemente por la Society of Illustrators de Nueva York, y en 2024 fue galardonada con el Premio APIM en la categoría general.

Le gusta contar historias que emocionan a través de los detalles de las escenas y de sus personajes, utilizando un estilo fresco y colorista. Elabora numerosos dibujos en tinta en sus cuadernos, que posteriormente retoca digitalmente para conseguir imágenes atractivas y cercanas en las que no falta el sentido del humor.

Cinta Arribas is an illustrator, visual artist, and teacher. She studied fine art in Madrid and Kassel and now lives and works in Valladolid. Her work as an illustrator is primarily focused on the fields of publishing, advertising, and children's literature. Her many commissions include work for the *New York Times*, *El País*, Google, and Camper. Her publishing projects include *Bababum* and *Hijos de Fruta*, a coloring fanzine for children. Apart from illustration, she has explored other disciplines such as painting and ceramics. Her work has recently been selected and exhibited by the New York Society of Illustrators, and she won a prize in the general category of the 2024 APIM Awards.

She likes telling stories that convey emotion via details of both scenes and characters, using a fresh, colorist style. She makes numerous pen-and-ink drawings in her sketchbooks that she subsequently retouches digitally to achieve attractive, direct images, not exempt from humor.

@cinta_arribas
cintarribas.com

CINTA ARRIBAS

Diciembre *December* • 2024
MADRID

Abril *April* • 2025
WASHINGTON D. C.

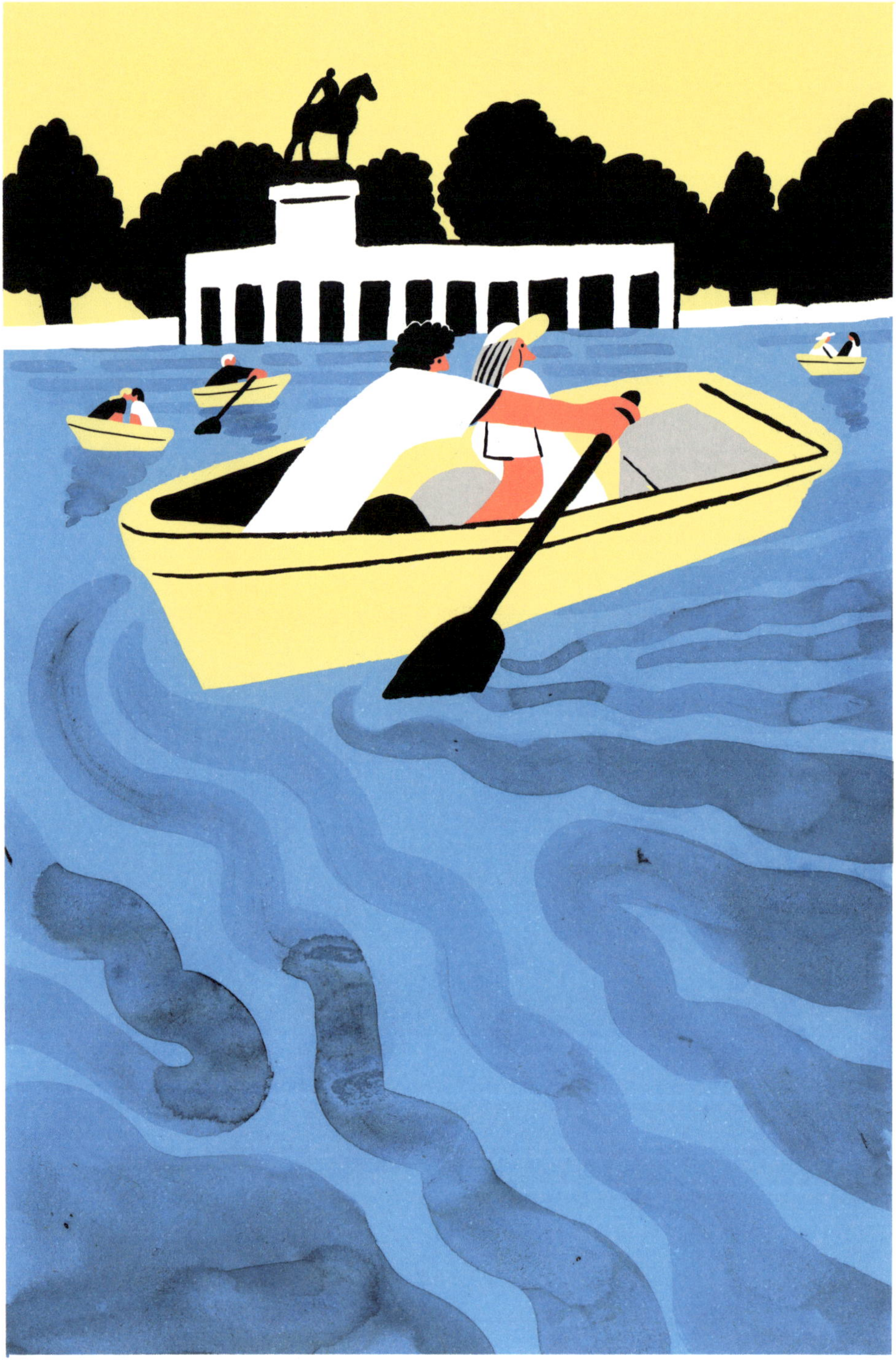

Parque del Retiro / *El Retiro Park*
Tinta china sobre papel. Color digital
Indian ink on paper. Digital color
290 x 500 mm

La Pradera de San Isidro
Tinta china sobre papel. Color digital
Indian ink on paper. Digital color
590 x 100 mm

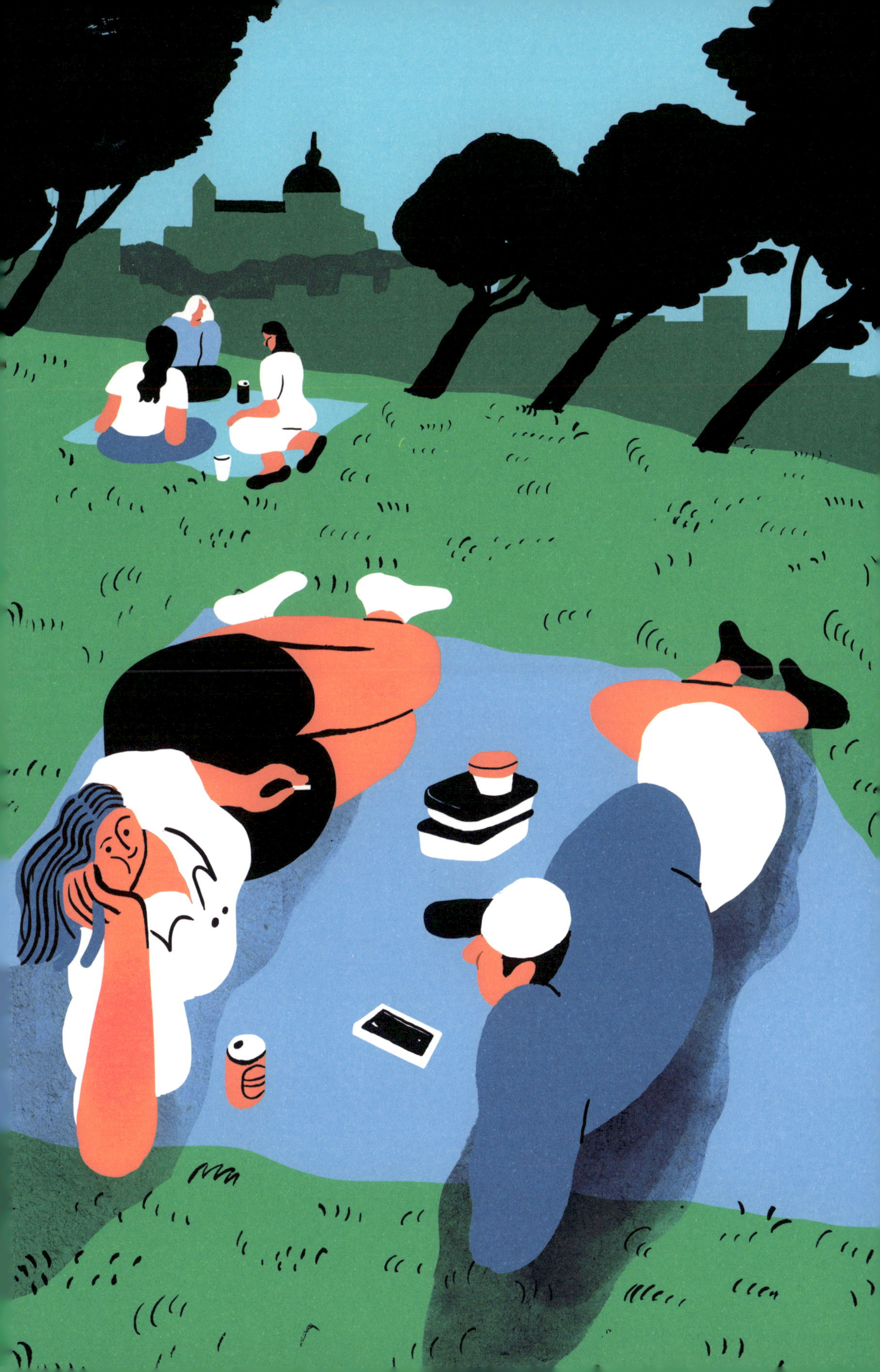

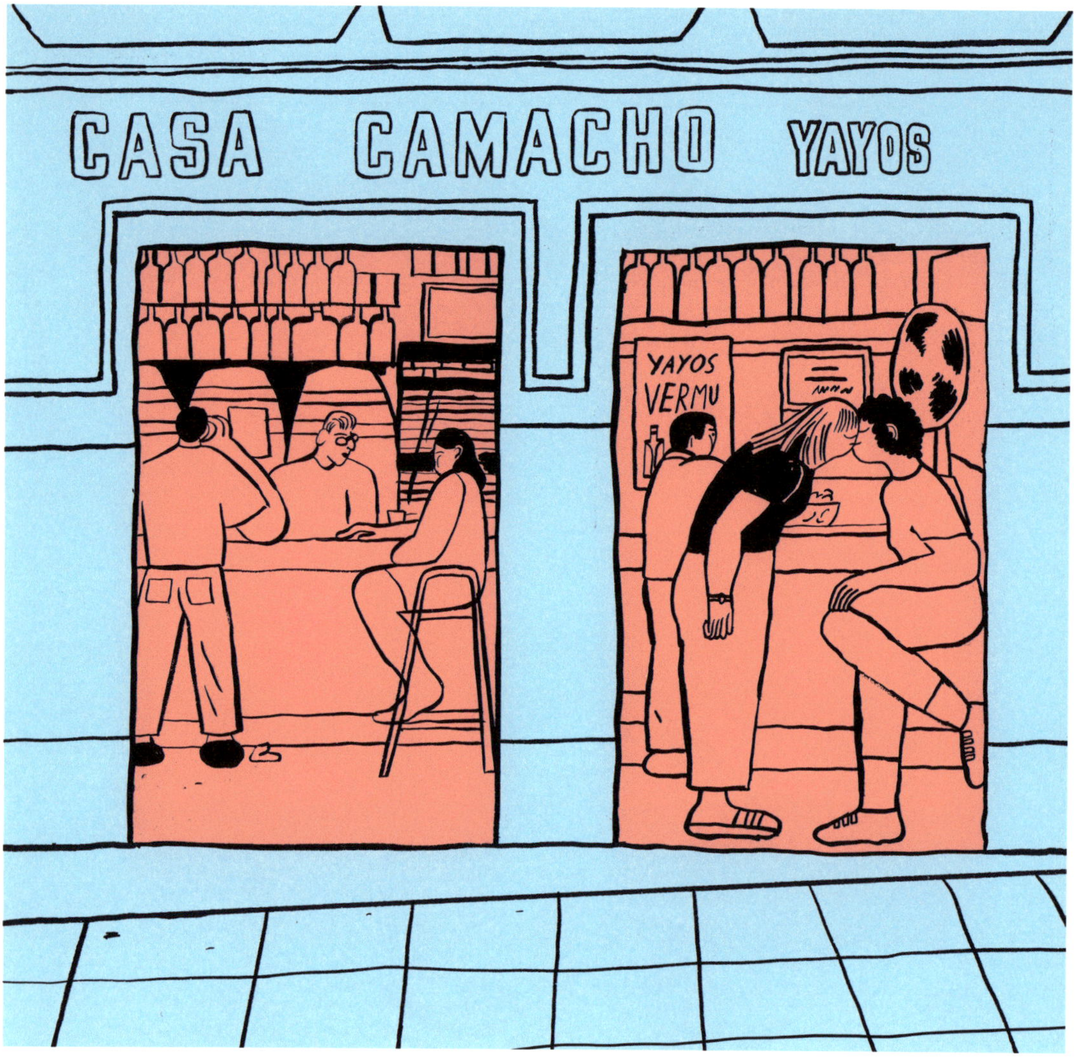

Casa Camacho
Tinta china sobre papel. Color digital
Indian ink on paper. Digital color
290 x 290 mm

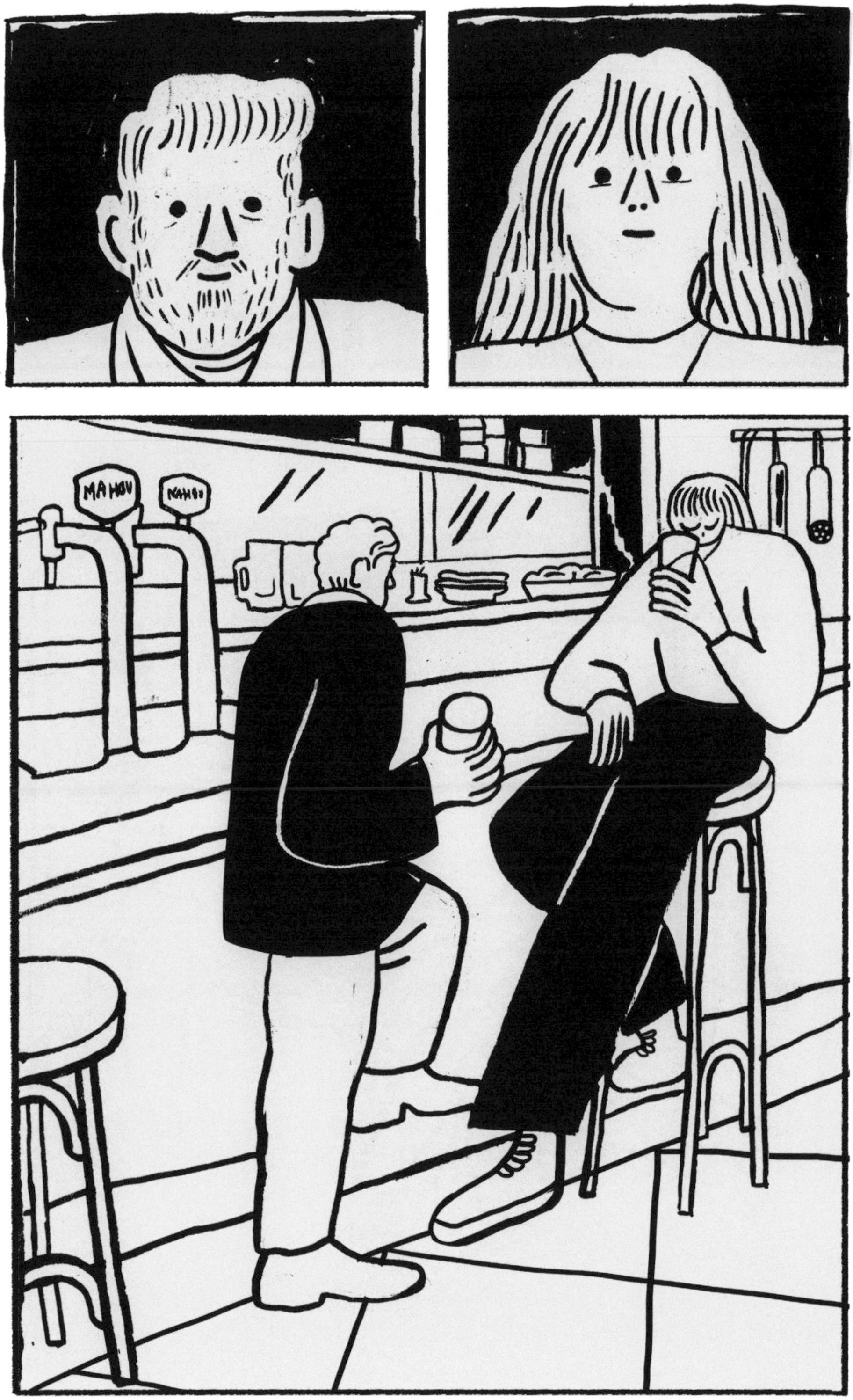

Bodegas Alfaro
Tinta china sobre papel. Color digital
Indian ink on paper. Digital color
350 x 290 mm

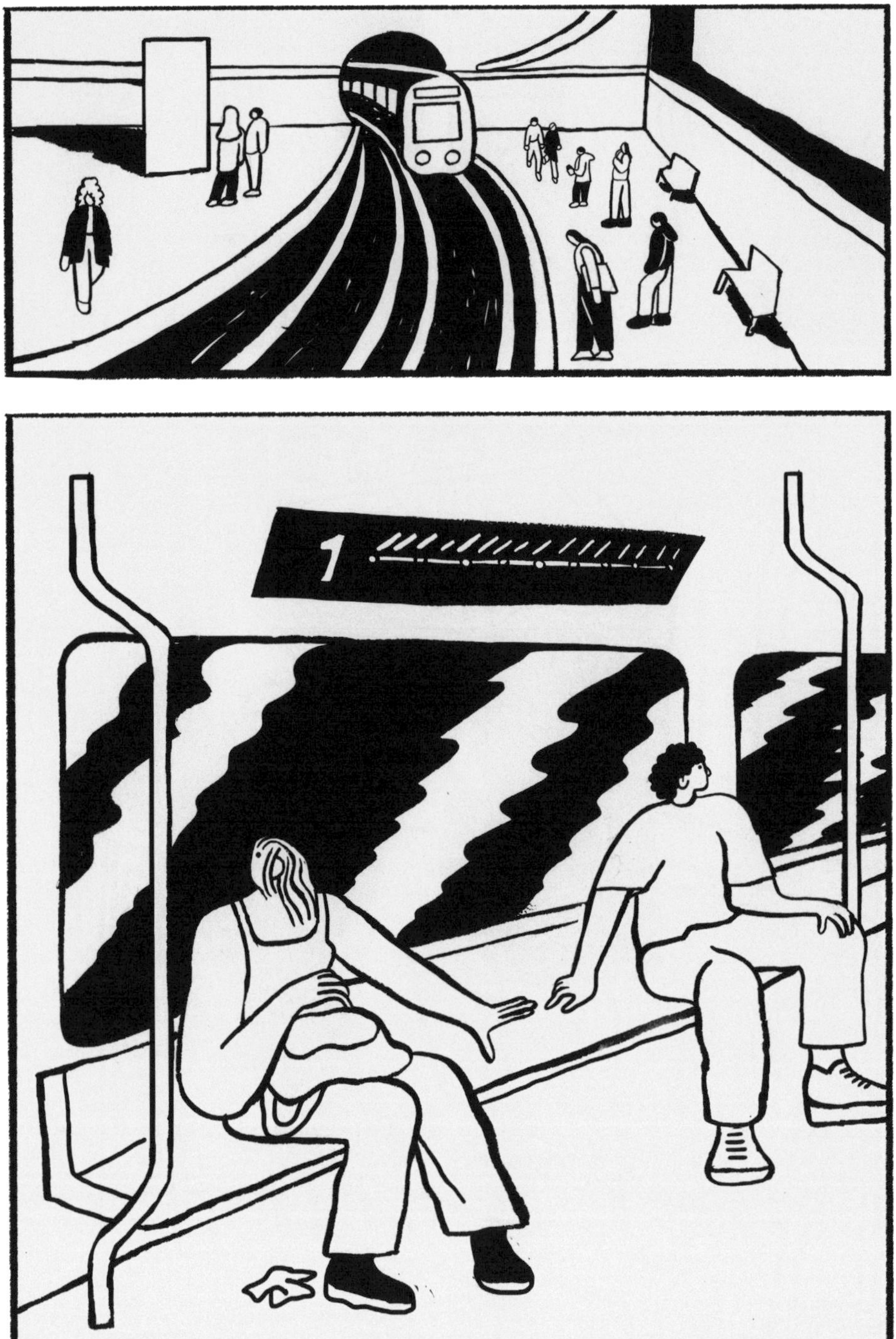

Metro. Línea 1 / *Metro. Line 1*
Tinta china sobre papel. Color digital
Indian ink on paper. Digital color
300 x 420 mm

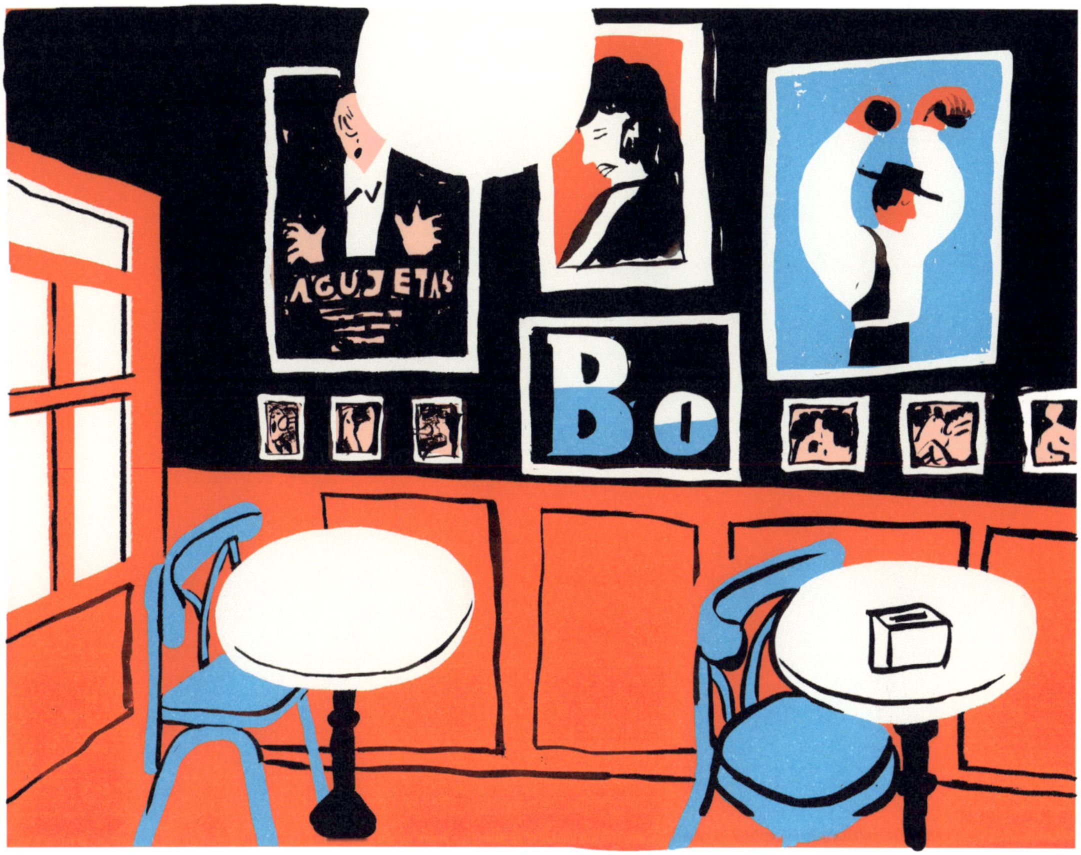

Las mejores cañas del mundo. Bodegas Alfaro
The best draft beers in the world. Bodegas Alfaro
Tinta china sobre papel. Color digital.
Indian ink on paper. Digital color
360 x 500 mm

Gemas 2. Museo Nacional de Historia Natural
Gems 2. National Museum of Natural History
Tinta china sobre papel. Color digital
Indian ink on paper. Digital color
300 x 420 mm

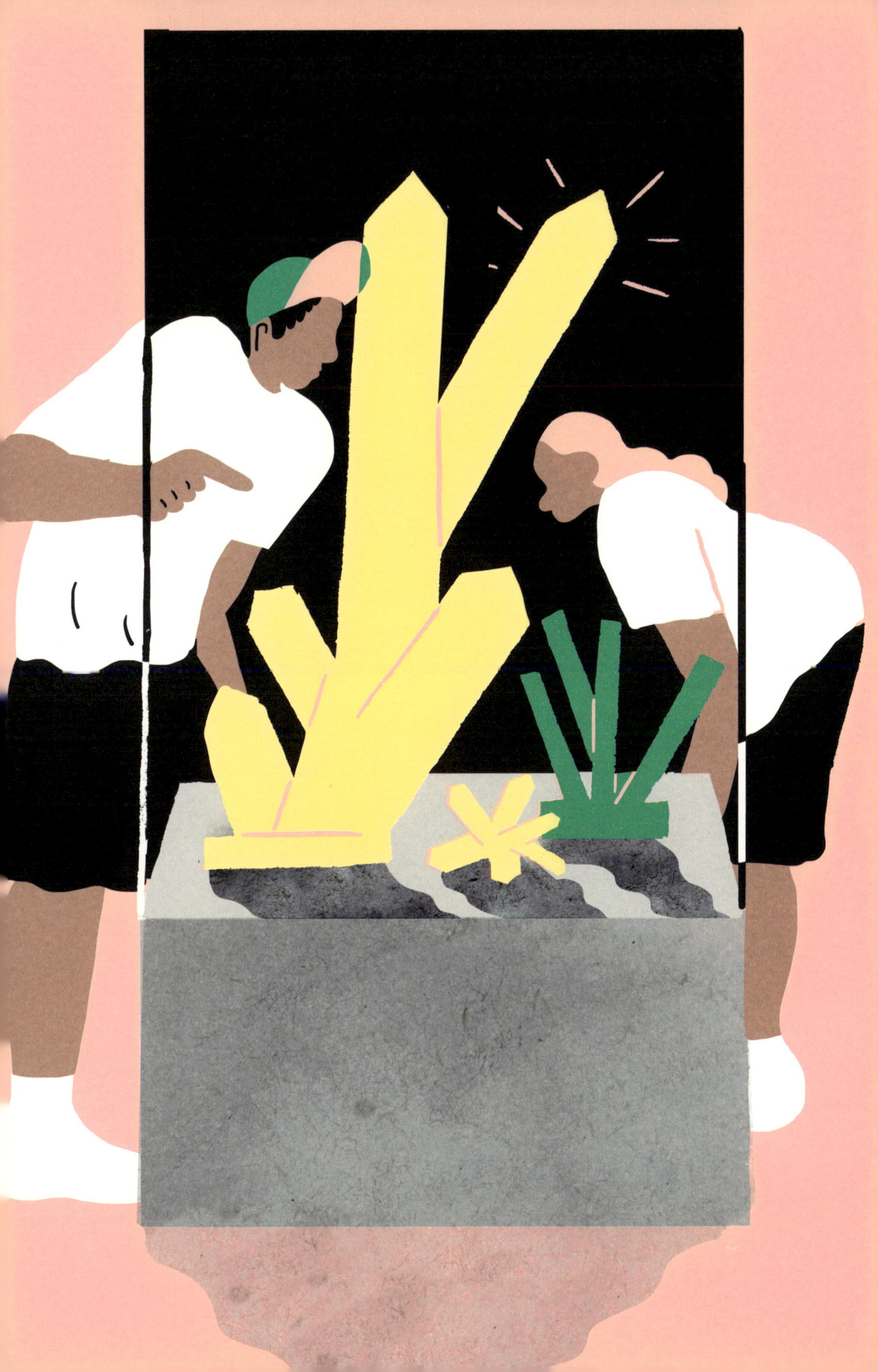

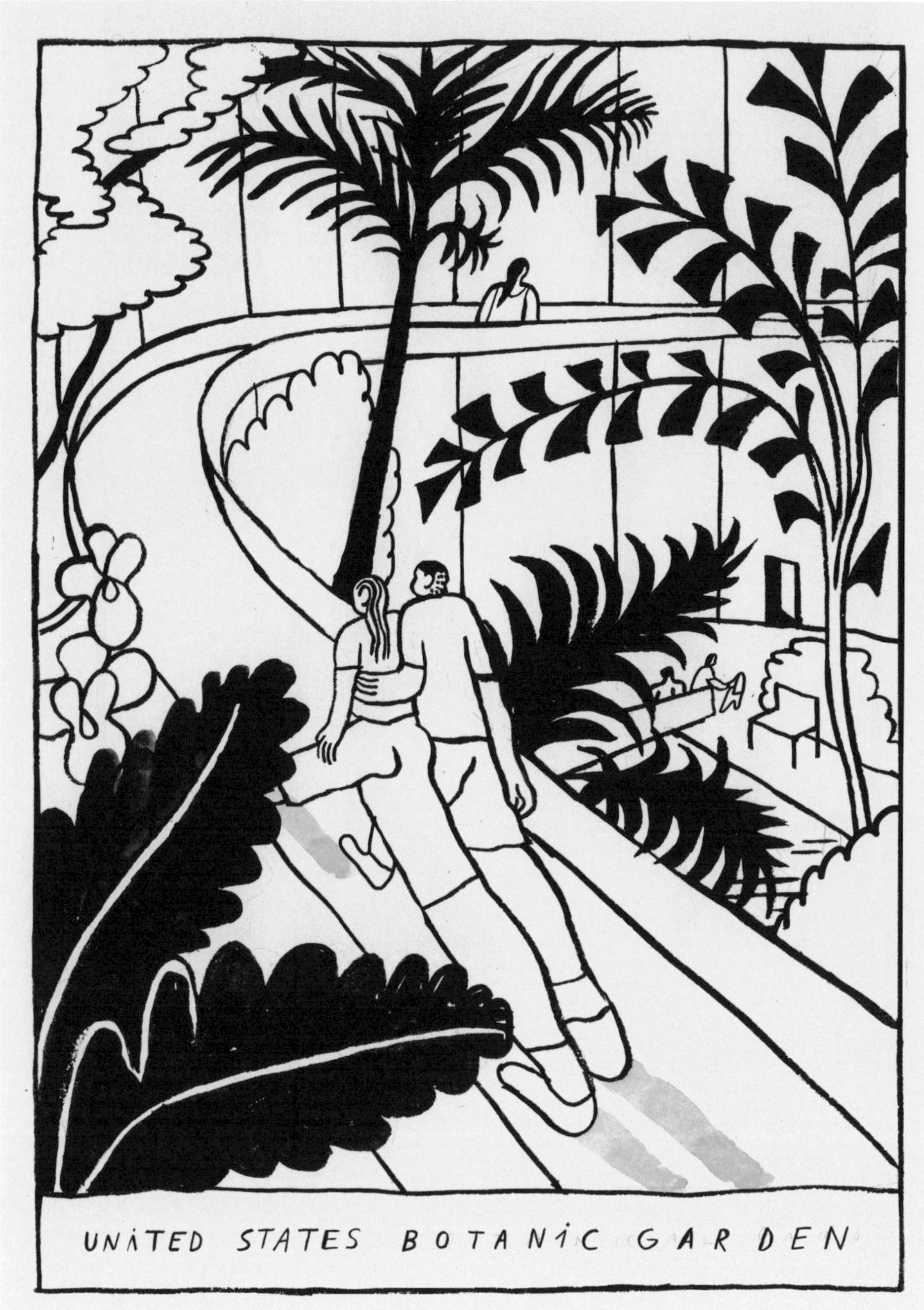

Cita en el jardín Botánico

Date in the Botanical Garden

Tinta china sobre papel. Color digital

Indian ink on paper. Digital color

500 x 380 mm

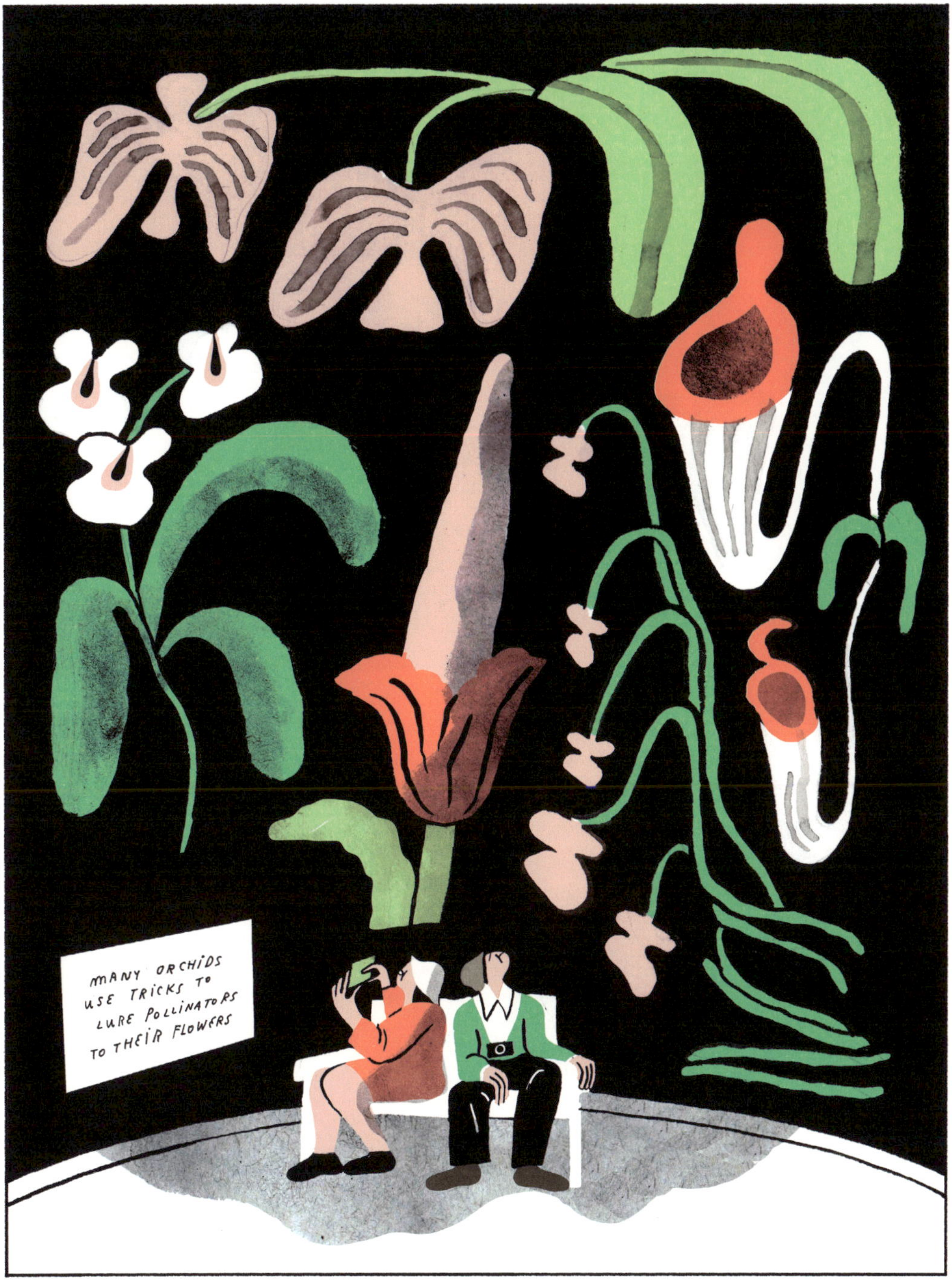

Orquídeas / *Orchids*
Tinta china sobre papel. Color digital
Indian ink on paper. Digital color
500 x 290 mm

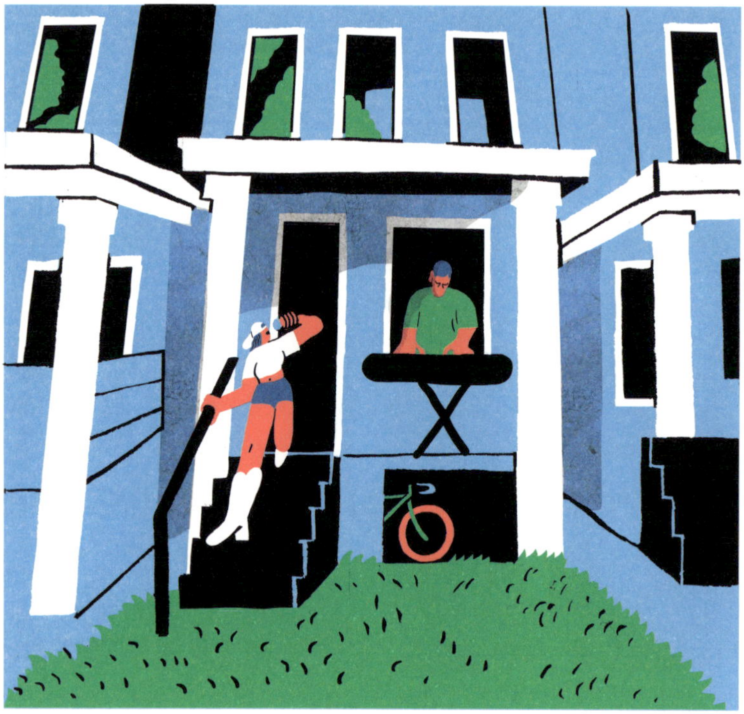

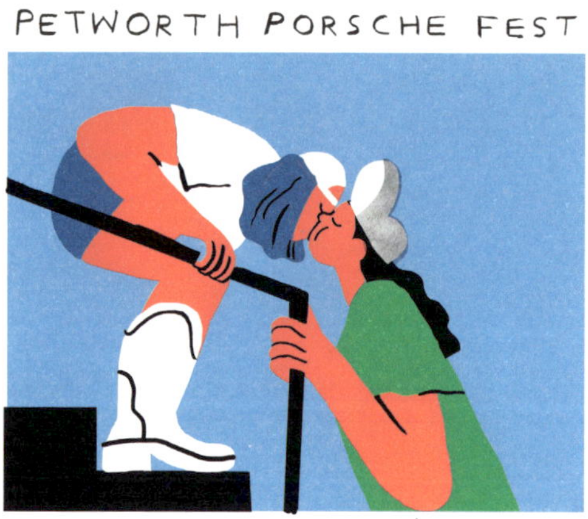

Petworth PorchFest
Tinta china sobre papel. Color digital
Indian ink on paper. Digital color
500 x 290 mm

Gemas. Museo Nacional de Historia Natural
Gems. National Museum of Natural History
Tinta china sobre papel. Color digital
Indian ink on paper. Digital color
290 x 500 mm

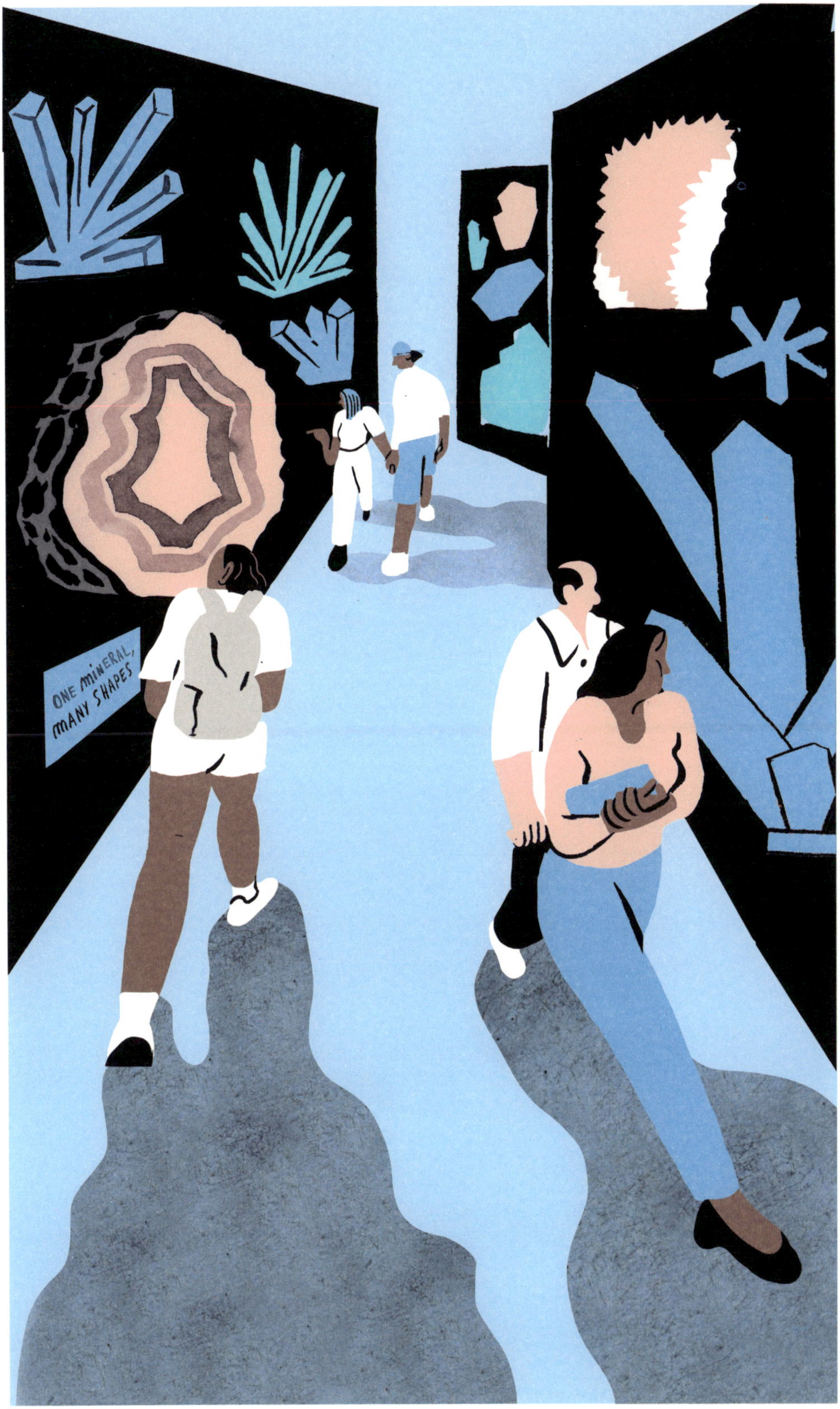

NATIONAL MUSEUM OF NATURAL HISTORY

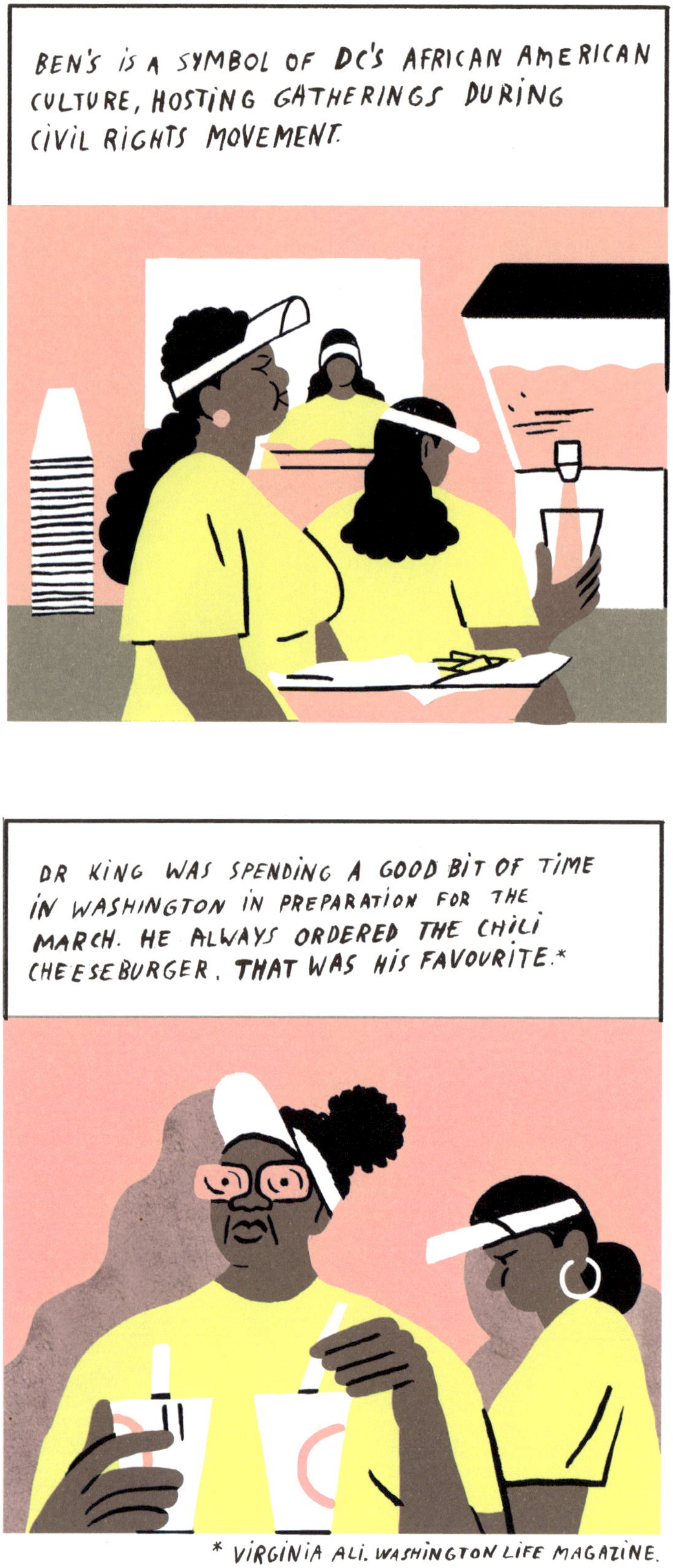

Hamburguesa con queso y chile
Chili Cheese Burguer
Tinta china sobre papel.
Color digital
Indian ink on paper.
Digital color
290 x 500 mm

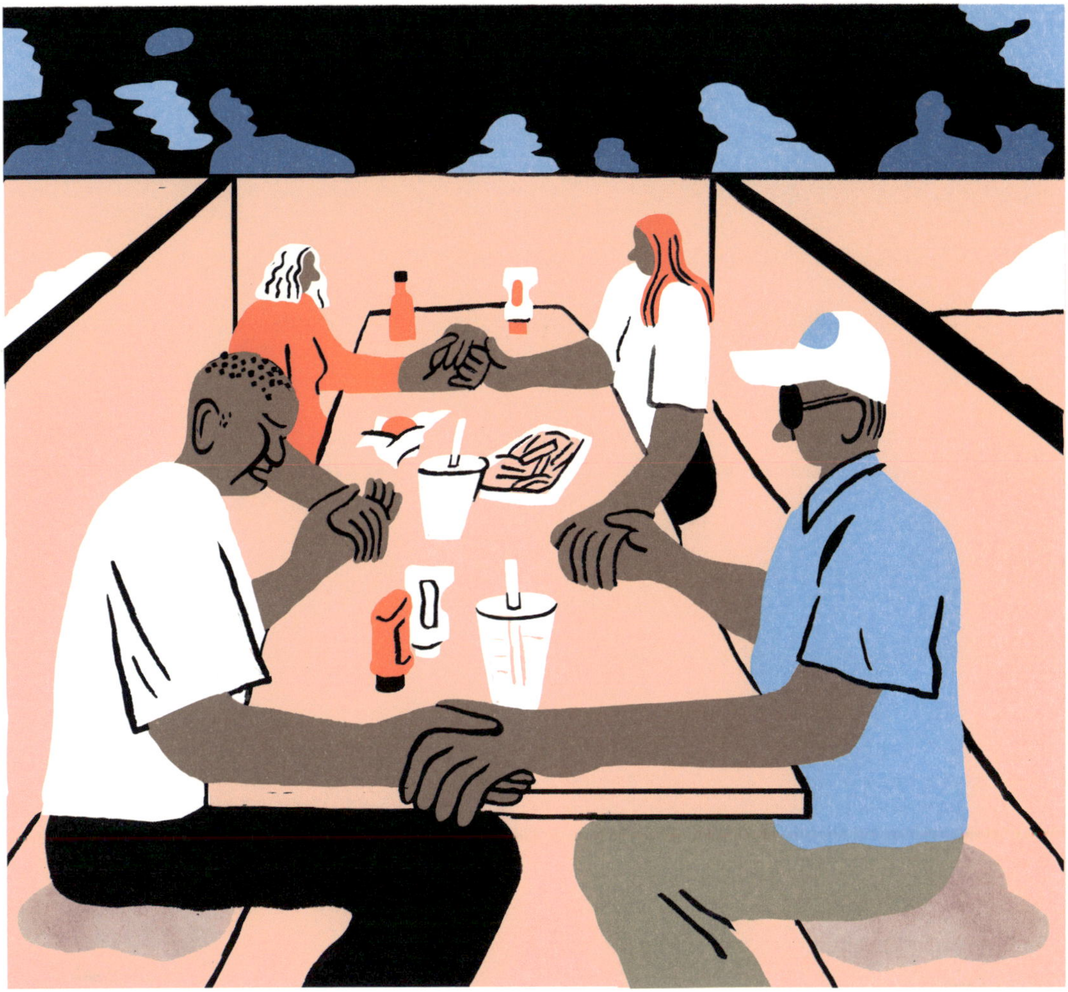

Ben's Chili Bowl
Tinta china sobre papel. Color digital
Indian ink on paper. Digital color
380 x 500 mm

Javier Chavarría es doctor en Bellas Artes y vive en Madrid, donde desarrolla su trabajo como docente, investigador, artista plástico, escenógrafo y diseñador. Ha participado en numerosas exposiciones individuales y colectivas en España, y en ferias de arte como Arco y Estampa. Parte de su obra plástica se desarrolla en el ámbito de la ilustración, donde ha publicado libros ilustrados como *Sketchbook* y *Paseo de la Patacona*. En el terreno teatral, ha participado como director de arte y diseñador de vestuarios en el diseño y producción de más de cincuenta montajes.

El dibujo es el hilo conductor que unifica sus diferentes procesos artísticos, y le sirve de esqueleto sobre el que construye y articula toda su producción. Sus dibujos urbanos incorporan una visión muy escenográfica, creando estampas en las que se superponen elementos y se mezclan técnicas, que luego traslada a formatos mayores.

Javier Chavarría has a doctorate in fine art. He lives in Madrid, where he works as a teacher, researcher, visual artist, and stage designer. His work has been shown in one-man and collective exhibitions in Spain. He has recently taken part in the Arco and Estampa art fairs. His visual art also extends to the field of illustration, as seen in his illustrated books *Sketchbook* and *Paseo de la Patacona*. He has worked on over fifty theater productions as a set and costume designer.

Drawing is the unifying thread running through these different artistic processes, serving as the framework on which he builds and develops his creations. His urban sketches express a highly theatrical vision, creating pictures that superimpose various elements and mix techniques prior to being translated into larger formats.

@javierchavarria66
javierchavarria.com

JAVIER CHAVARRÍA

Diciembre *December* • 2024
MADRID

Abril *April* • 2025
WASHINGTON D. C.

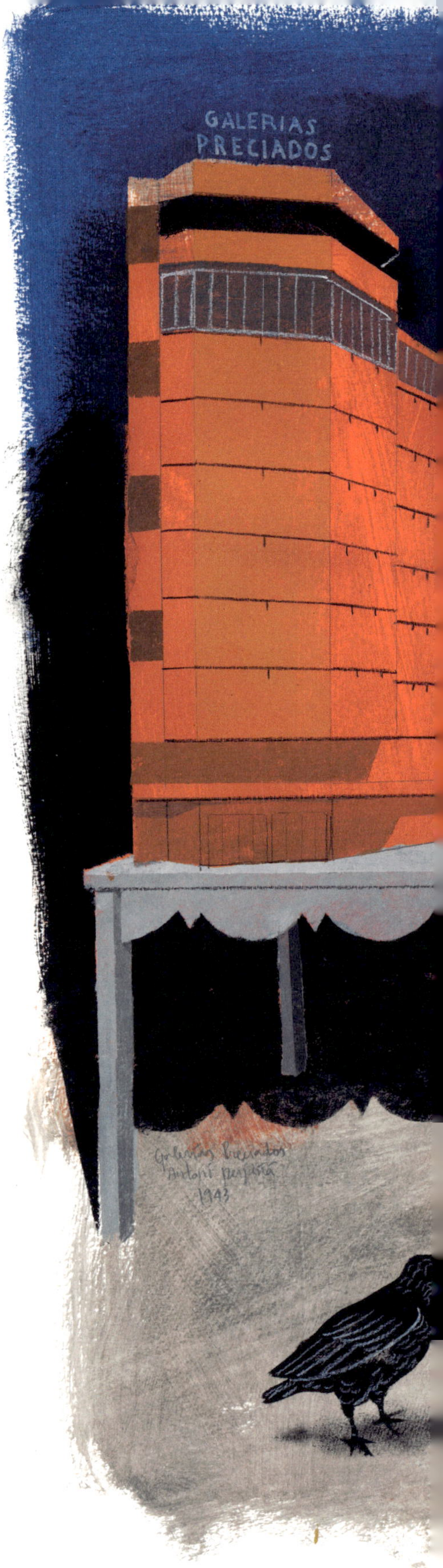

Ciudad de los mercados
City of markets
Acrílico y grafito sobre papel
Acrylic and graphite on paper
760 × 760 mm

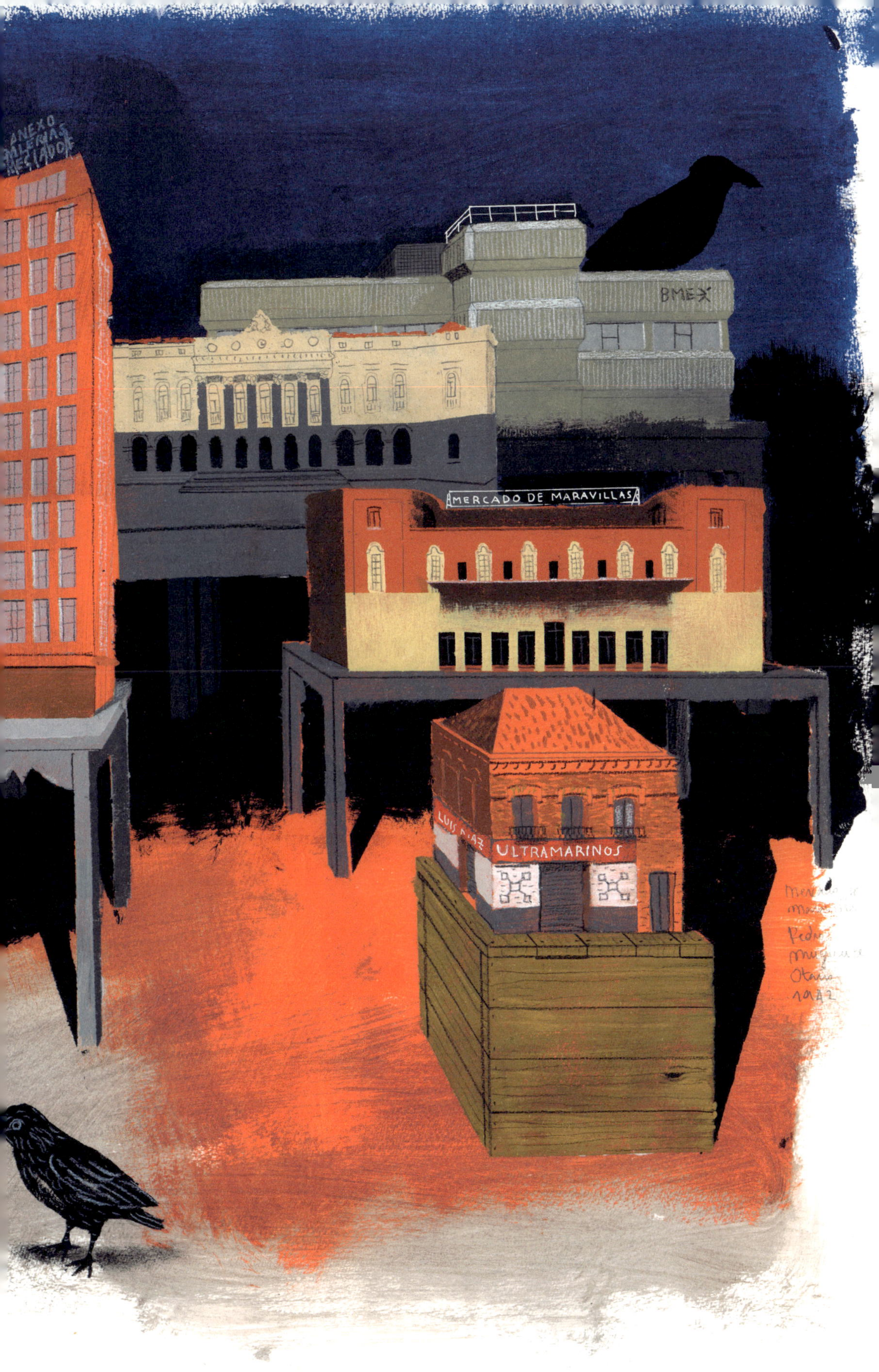
ANEXO
MERCADO DE MARAVILLAS
ULTRAMARINOS

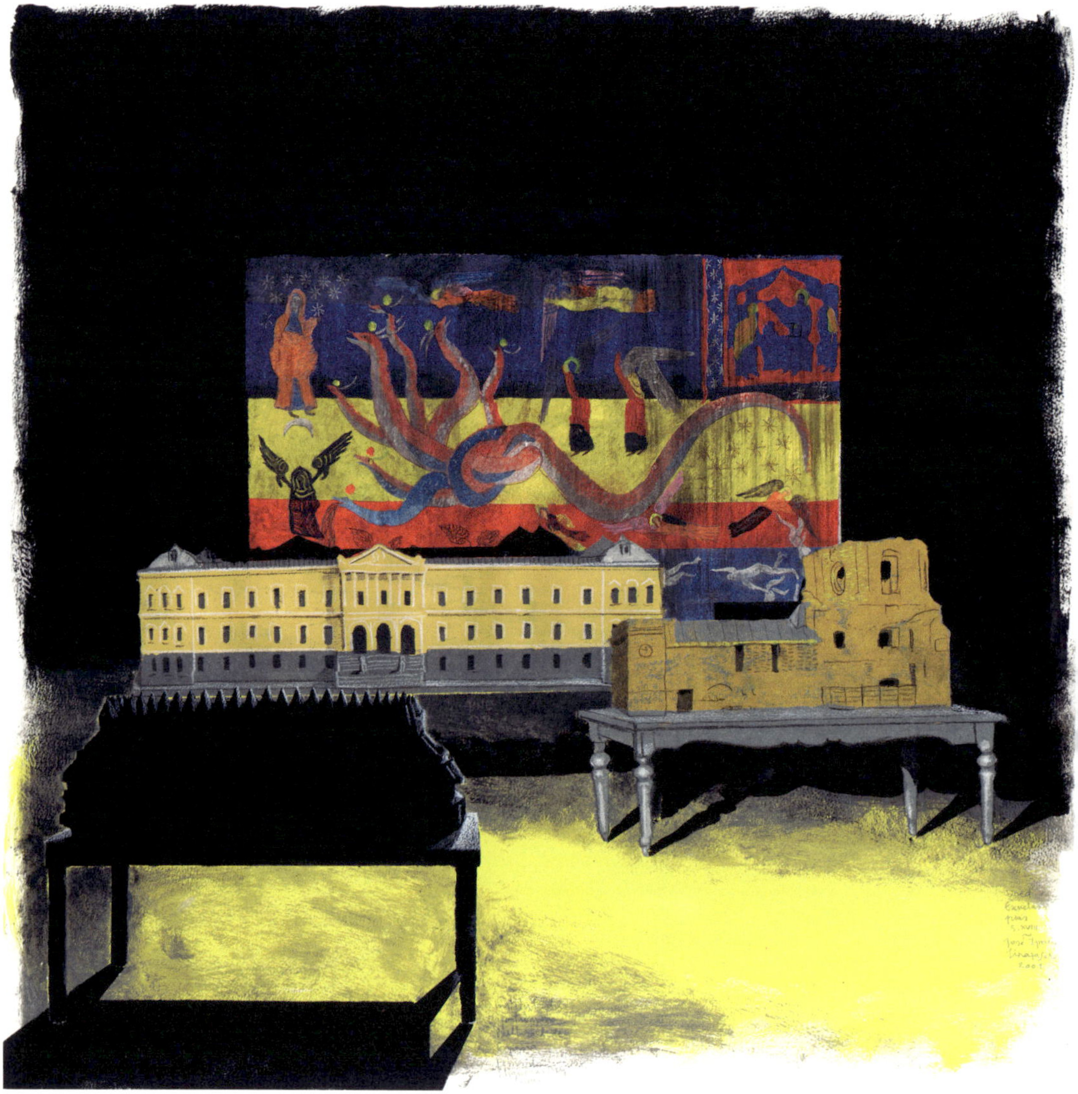

Bibliotecas / *Libraries*
Acrílico y grafito sobre papel
Acrylic and graphite on paper
760 × 760 mm

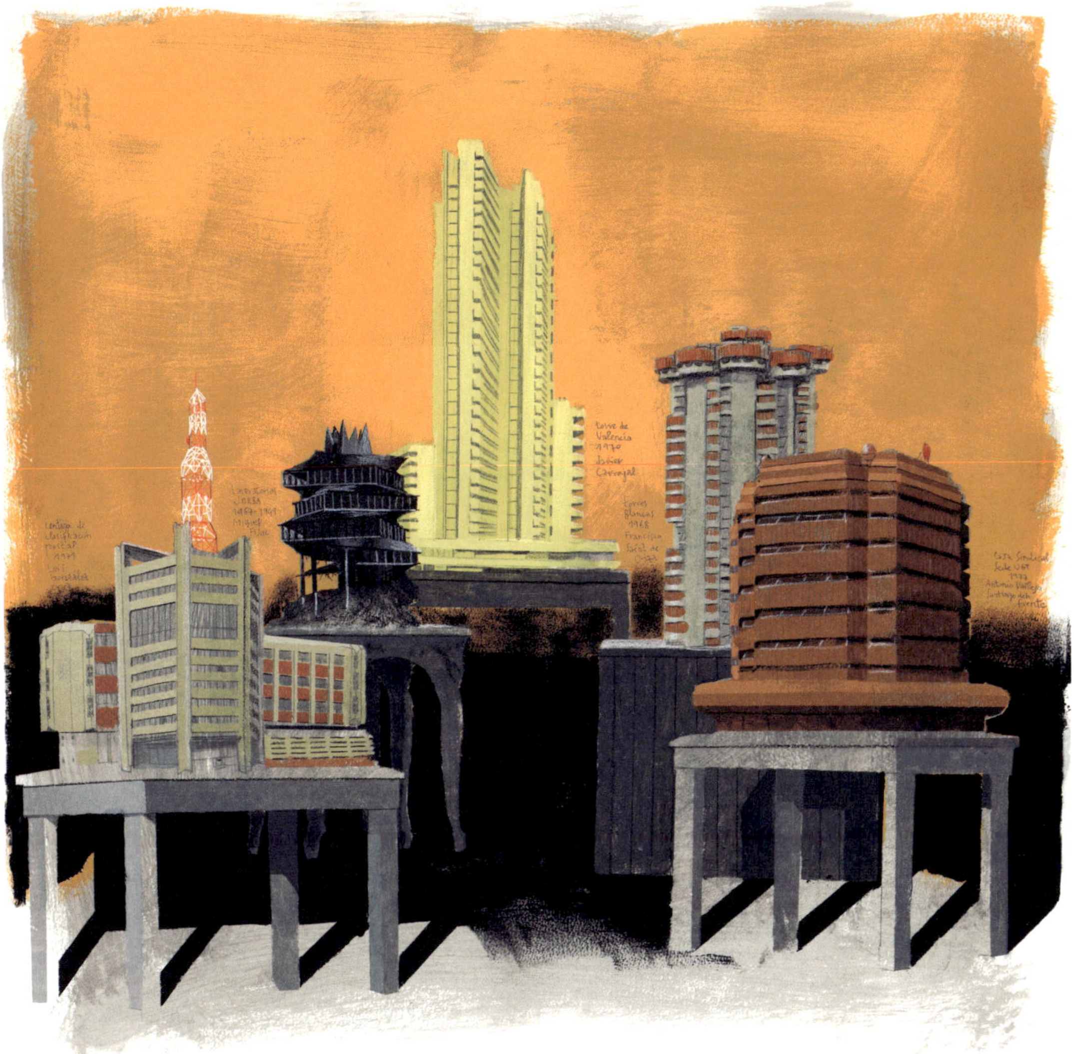

Brutalismo / *Brutalism*
Acrílico y grafito sobre papel
Acrylic and graphite on paper
760 × 760 mm

Ministerios / *Ministries*
Acrílico y grafito sobre papel
Acrylic and graphite on paper
760 × 760 mm

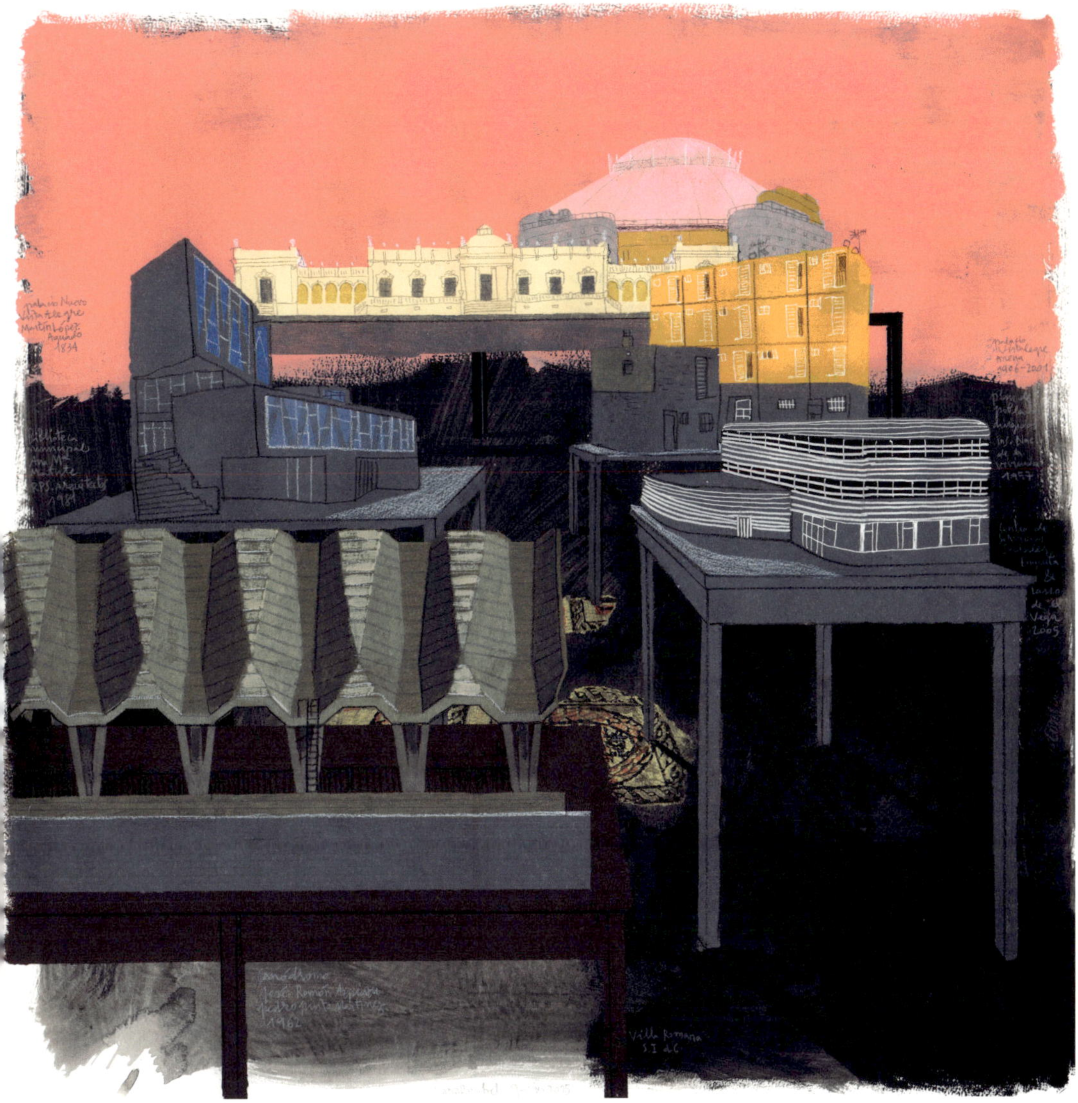

Carabanchel
Acrílico y grafito sobre papel
Acrylic and graphite on paper
760 × 760 mm

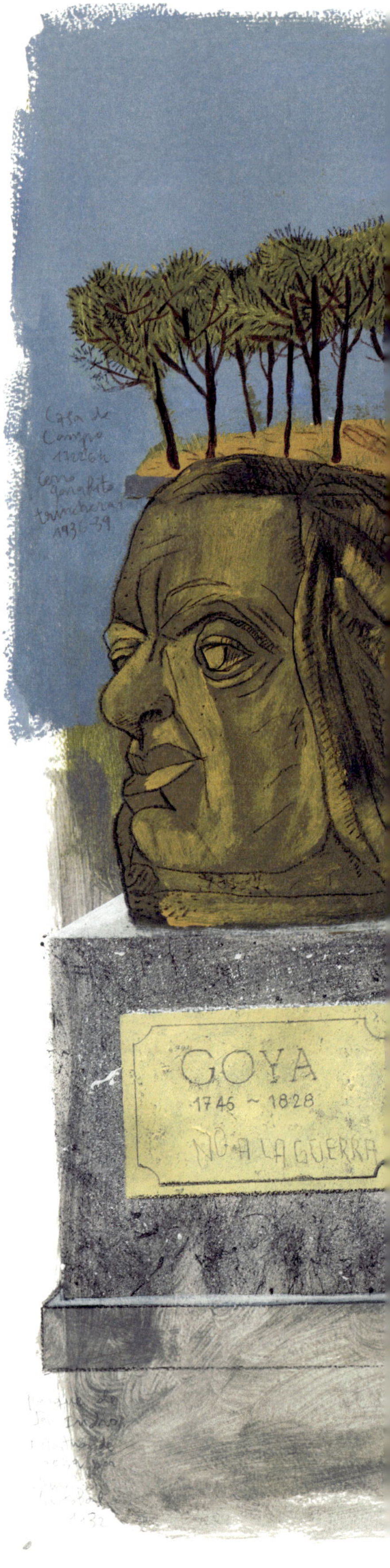

Parques / *Parks*
Acrílico y grafito sobre papel
Acrylic and graphite on paper
760 × 760 mm

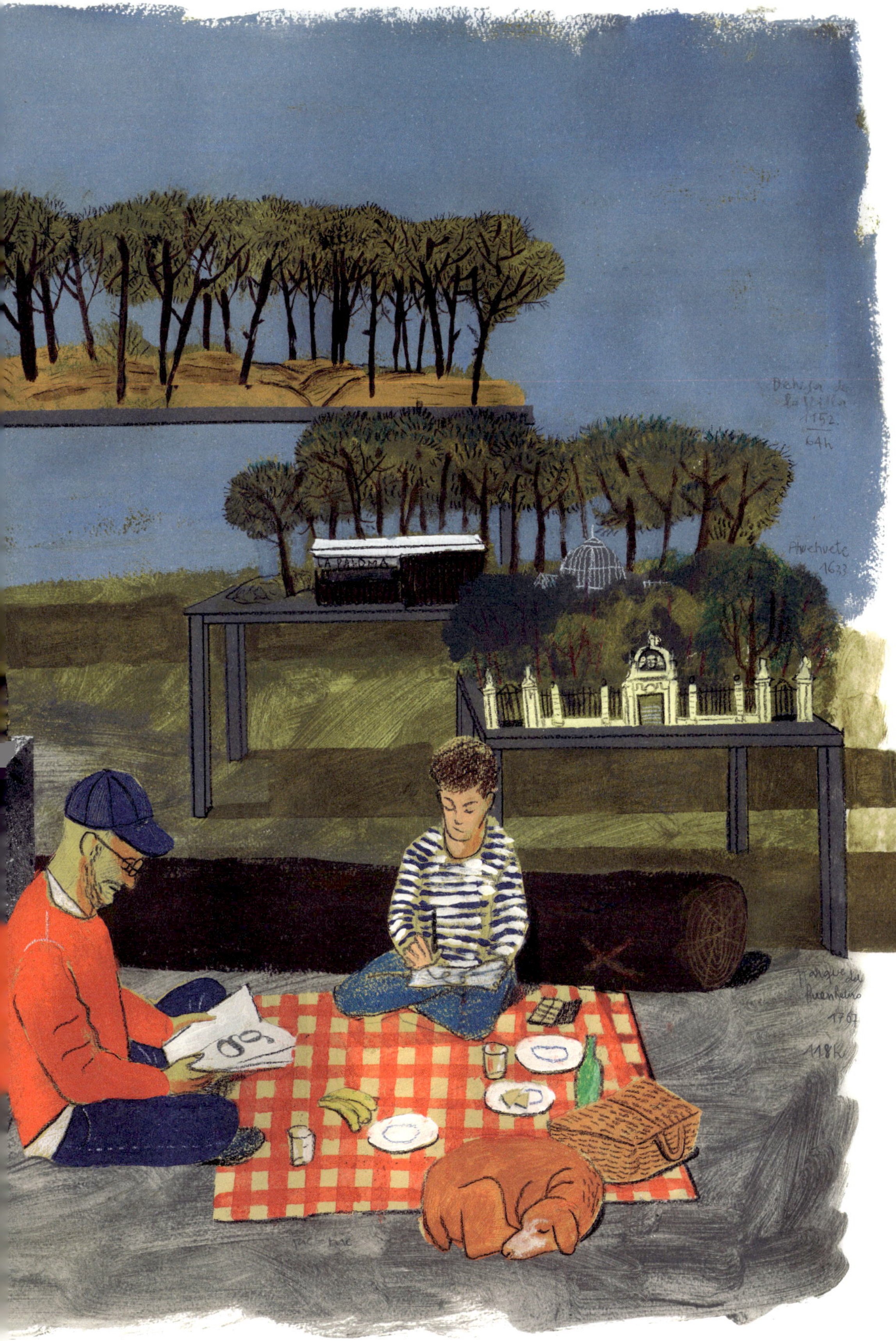
Dehesa de la Villa
1152
64h
Pinar de La Paloma?

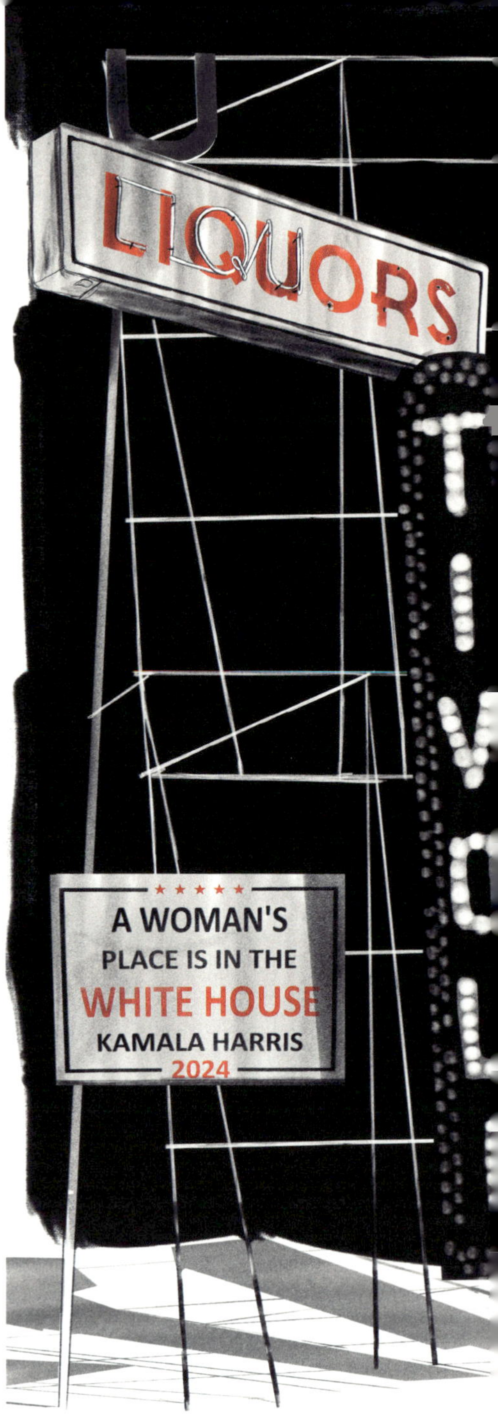

Ciudad de mercados
City of markets
Dibujo digital impreso
Printed digital drawing
760 × 760 mm

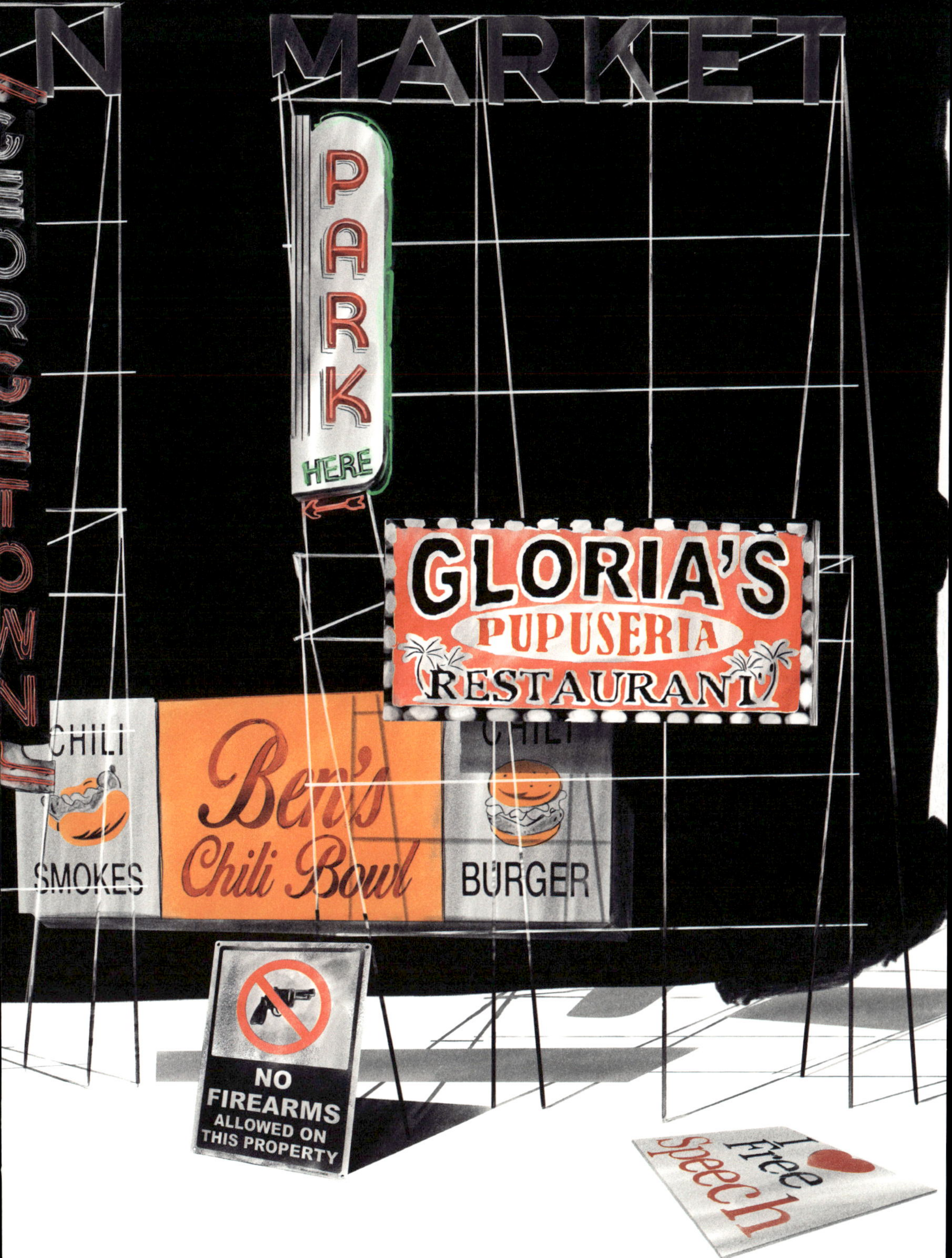
MARKET
PARK
HERE
GLORIA'S
PUPUSERIA
RESTAURANT
CHILI
SMOKES
Ben's
Chili Bowl
BURGER
NO
FIREARMS
ALLOWED ON
THIS PROPERTY
I ♥ Free Speech

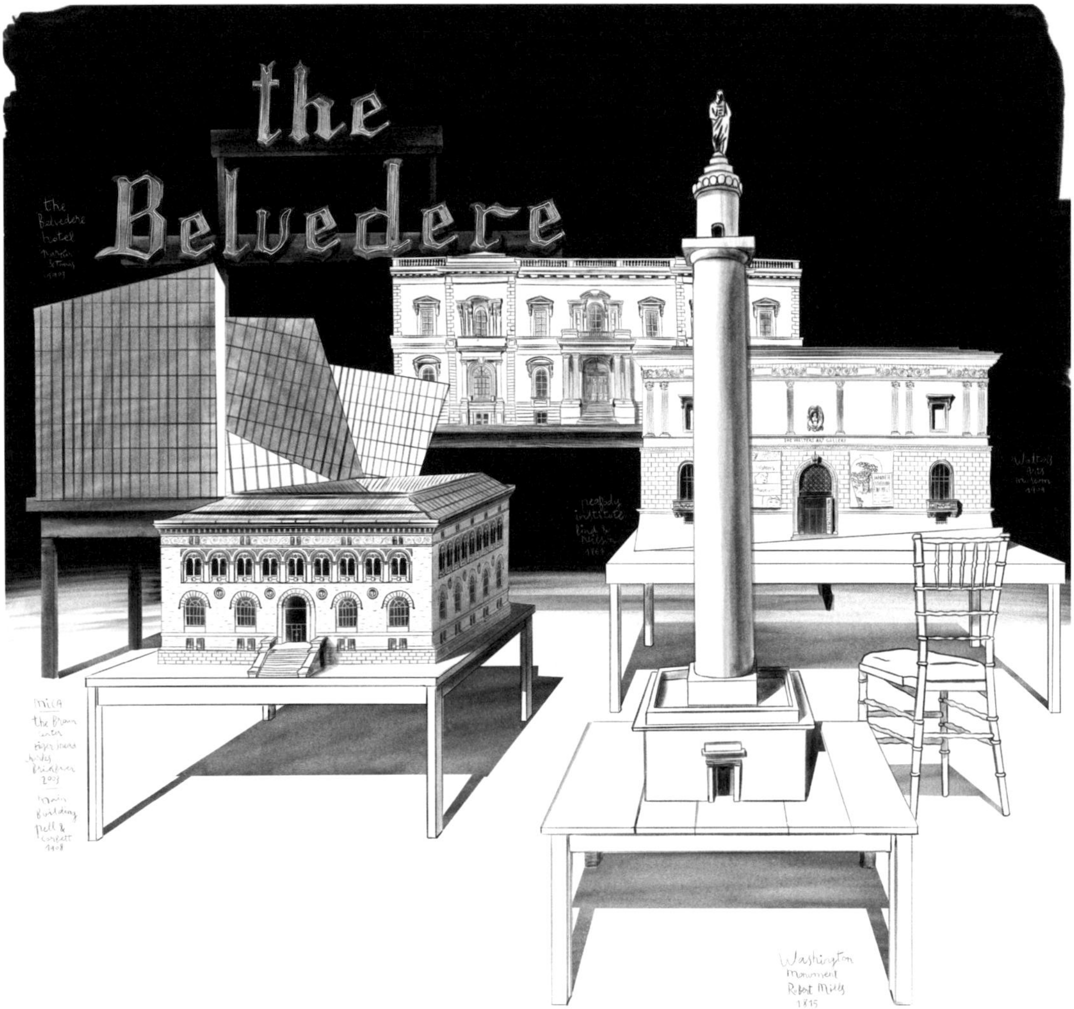

Baltimore
Dibujo digital impreso
Printed digital drawing
760 × 760 mm

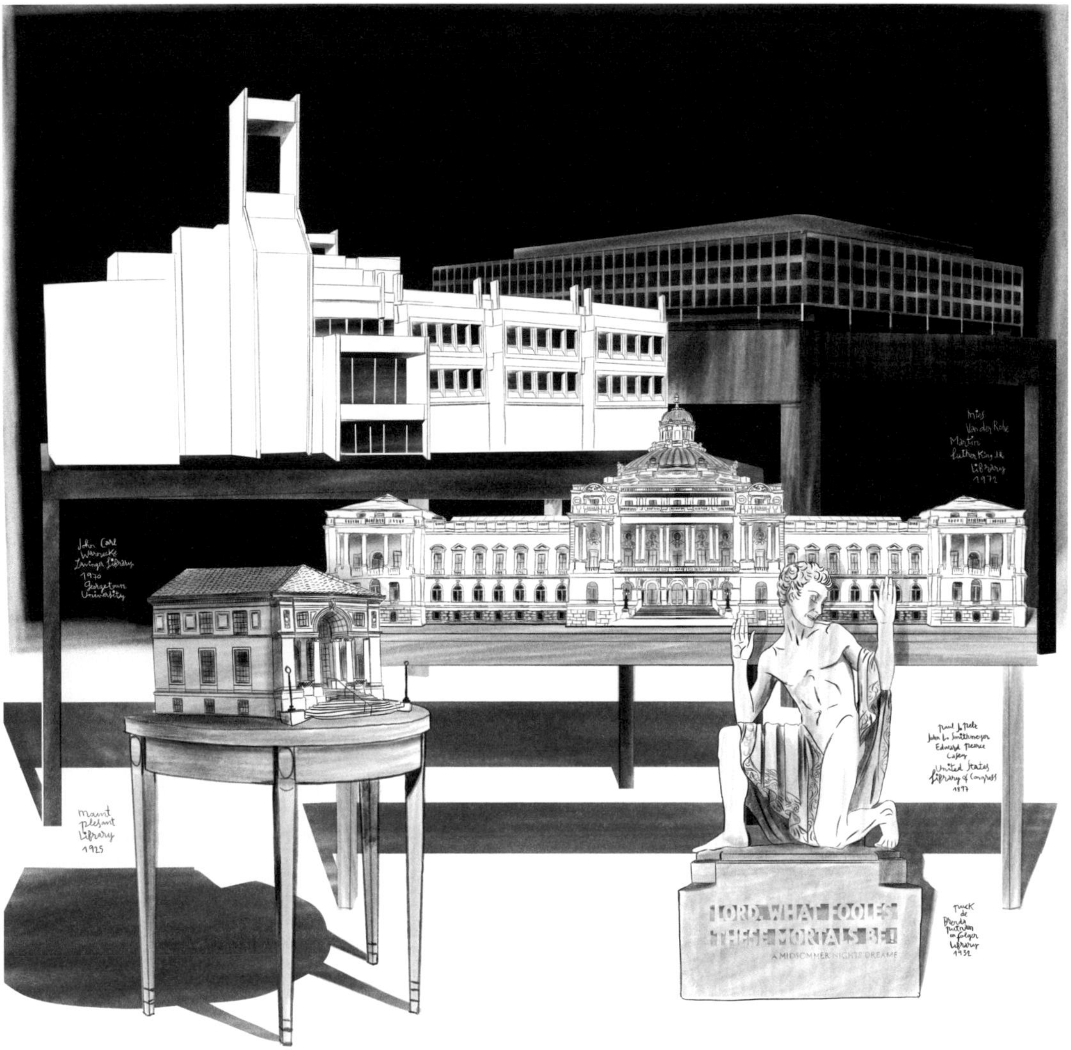

Bibliotecas / *Libraries*
Dibujo digital impreso
Printed digital drawing
760 × 760 mm

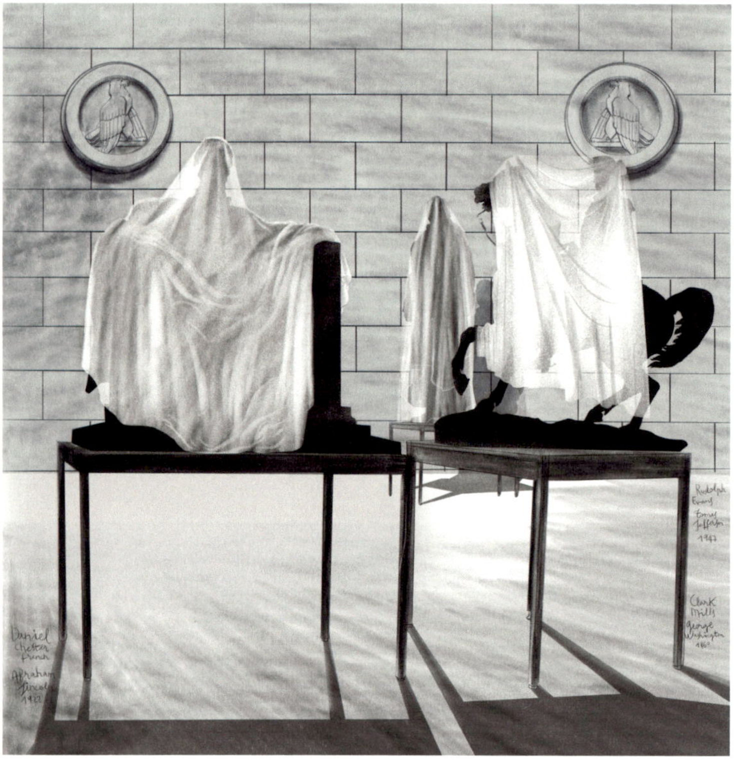

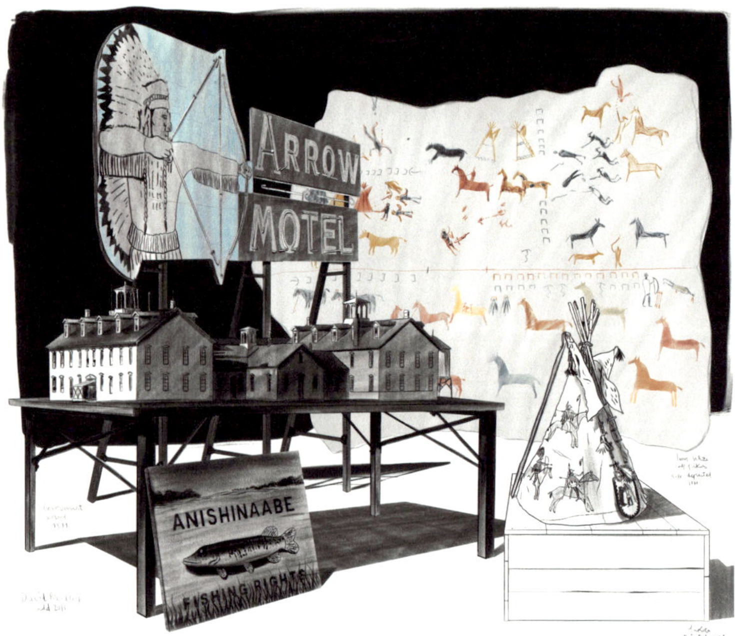

Monumentos
Monuments
Dibujo digital impreso
Printed digital drawing
760 × 760 mm

Nativos
Natives
Dibujo digital impreso
Printed digital drawing
760 × 760 mm

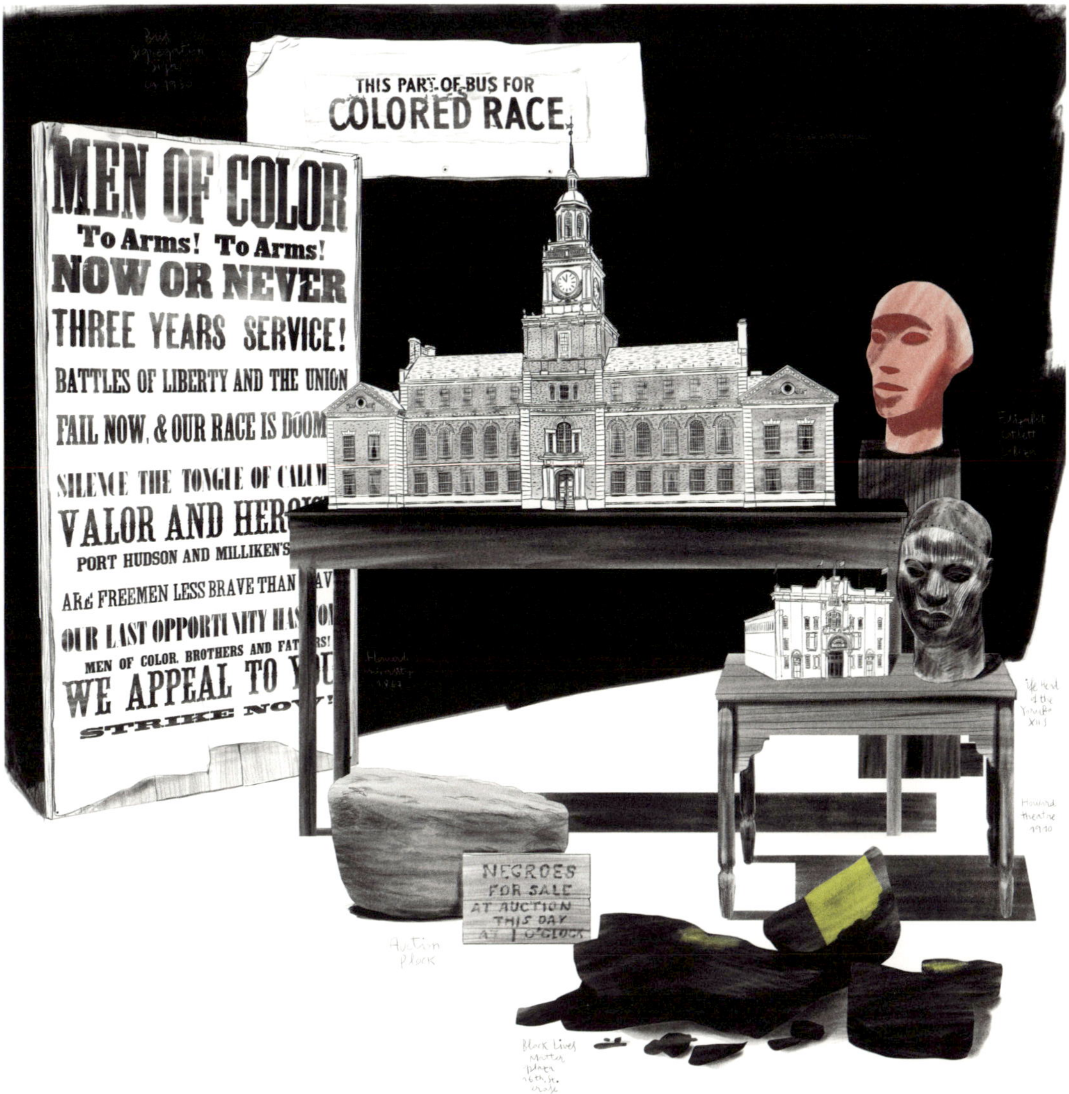

Black Lives Matter
Dibujo digital impreso
Printed digital drawing
760 × 760 mm

Apasionado viajero y dibujante afincado en Madrid, Joaquín Dorao trabaja como ilustrador y acuarelista, e imparte talleres de *urban sketching*, tanto en Madrid como en otros lugares de España y el resto del mundo. Ha participado en los principales festivales internacionales de cuadernos de viaje, como los de Clermont-Ferrand y Lourmarin (Francia), Mestre (Italia) y Santiago de Compostela. Es miembro del colectivo mundial Urban Sketchers y fundador del grupo local en Madrid. Además, ha sido instructor en los simposios internacionales organizados por el colectivo.

En sus trabajos como dibujante combina su formación y experiencia en publicidad y diseño gráfico, lo que le permite concebir cada página de sus cuadernos como auténticos *collages* de imágenes, tipografías, mapas, objetos pegados y textos. Con estos elementos trata de compartir con el lector sus experiencias viajeras por todo el mundo, recogidas en numerosos cuadernos de acuarelas. Dibuja habitualmente en vivo, usando lápiz, rotuladores calibrados y acuarela.

@joaquingonzalezdorao
joaquindorao.com

Joaquín Dorao is an inveterate traveler and draftsman based in Madrid. He works as an illustrator and watercolor artist and regularly gives urban sketching workshops both in Madrid and elsewhere in Spain, and beyond. He has taken part in the major international festivals of travel sketchbooks, such as those of Clermont-Ferrand and Lourmarin (France), Mestre (Italy), and Santiago de Compostela (Spain). He is a member of the worldwide Urban Sketchers collective (as well as founding its Madrid branch) and he has participated as an instructor in the group's international symposia.

His work draws on both his technical skill and his experience in the fields of advertising and graphic design, enabling him to conceive every page in his sketchbook as veritable collages of images, typographies, maps, glued objects, and texts. He uses these elements to share with his reader his experiences of traveling all over the world, as reflected in his countless watercolor sketchbooks. He usually draws on the spot, using pencils, calibrated markers, and watercolors.

JOAQUÍN DORAO

Diciembre *December* • 2024
MADRID

Noviembre *November* • 2024
WASHINGTON D. C.

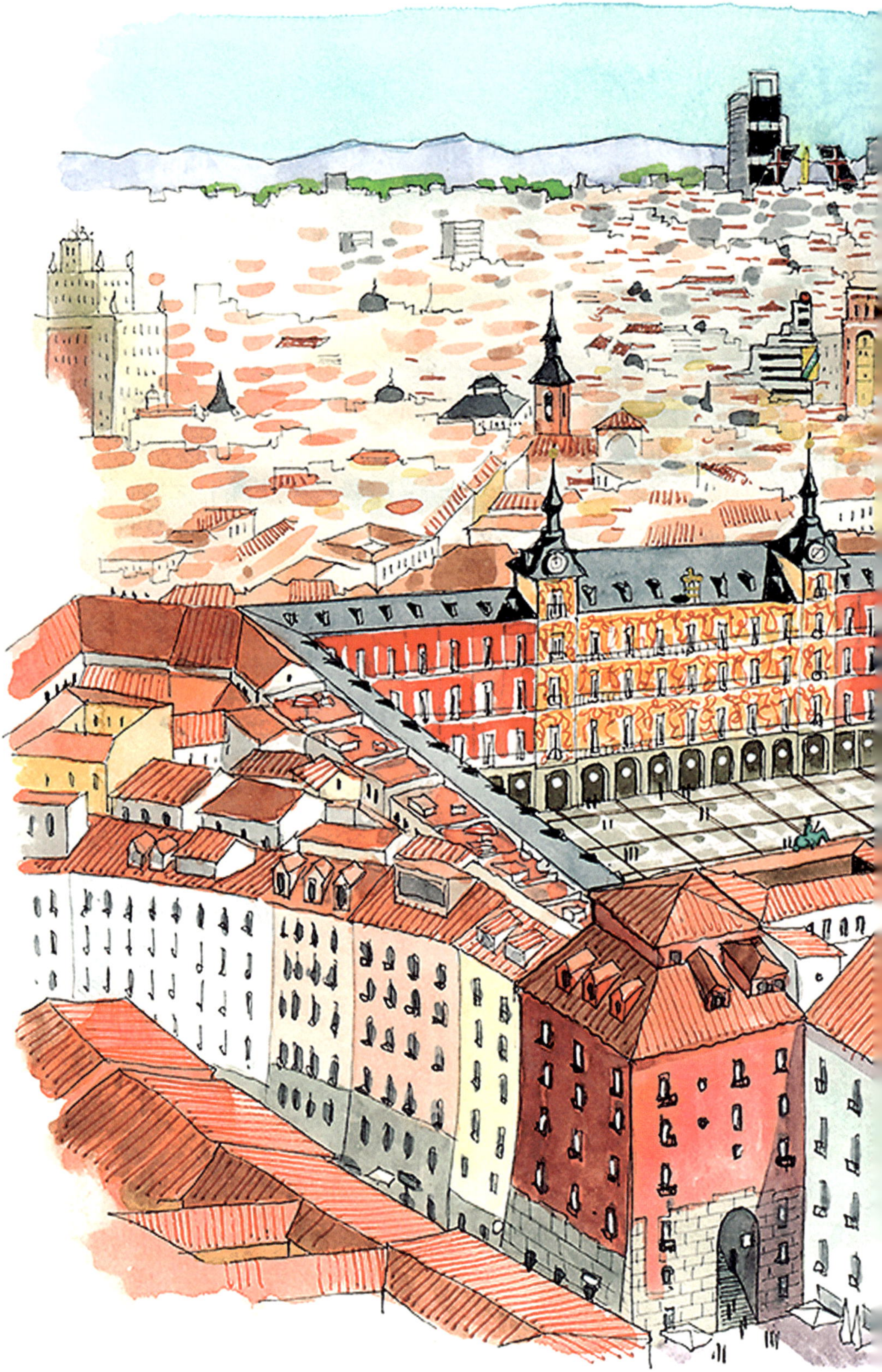

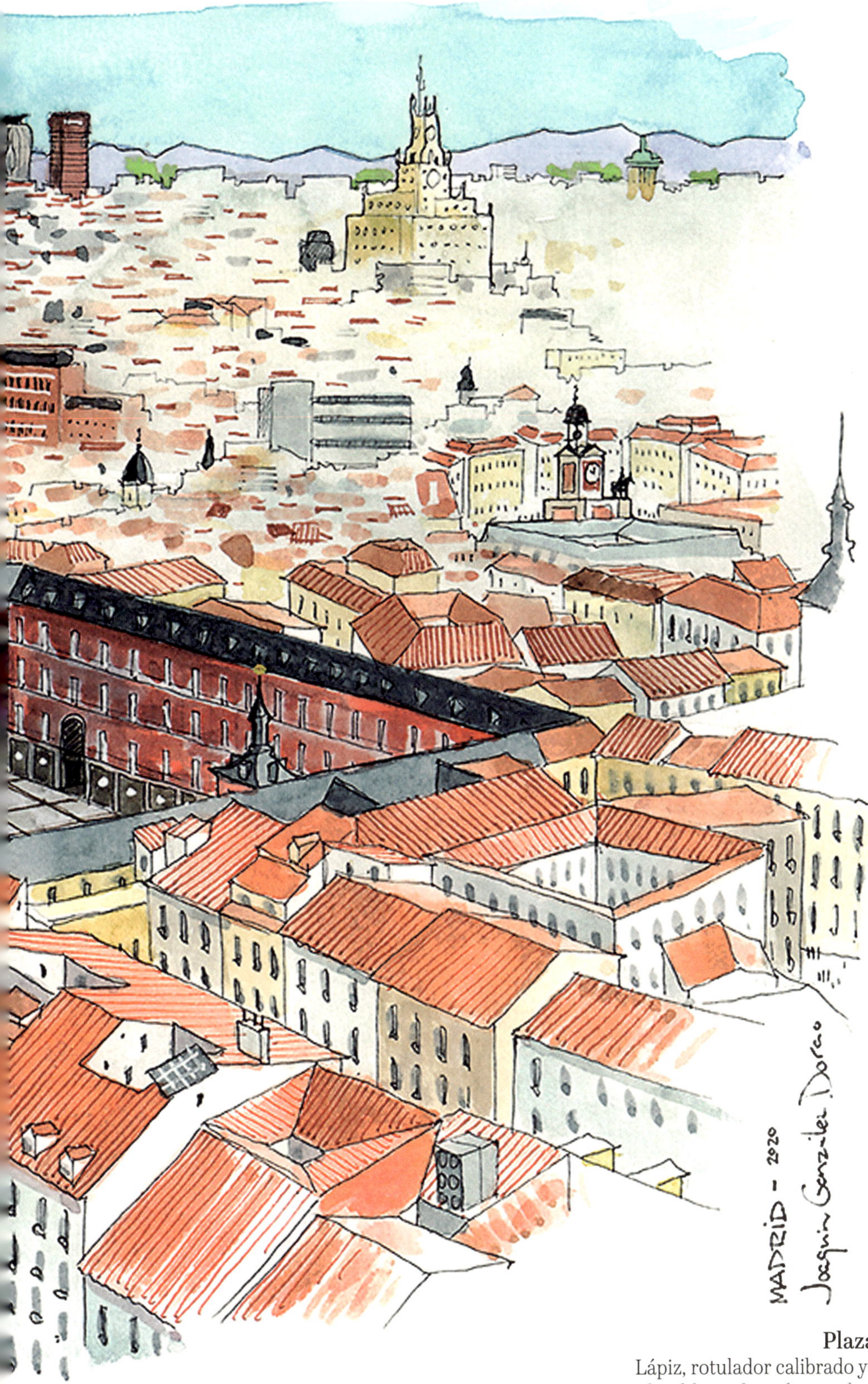

Plaza Mayor

Lápiz, rotulador calibrado y acuarela

Pencil, calibrated marker, and watercolor

297 x 420 mm

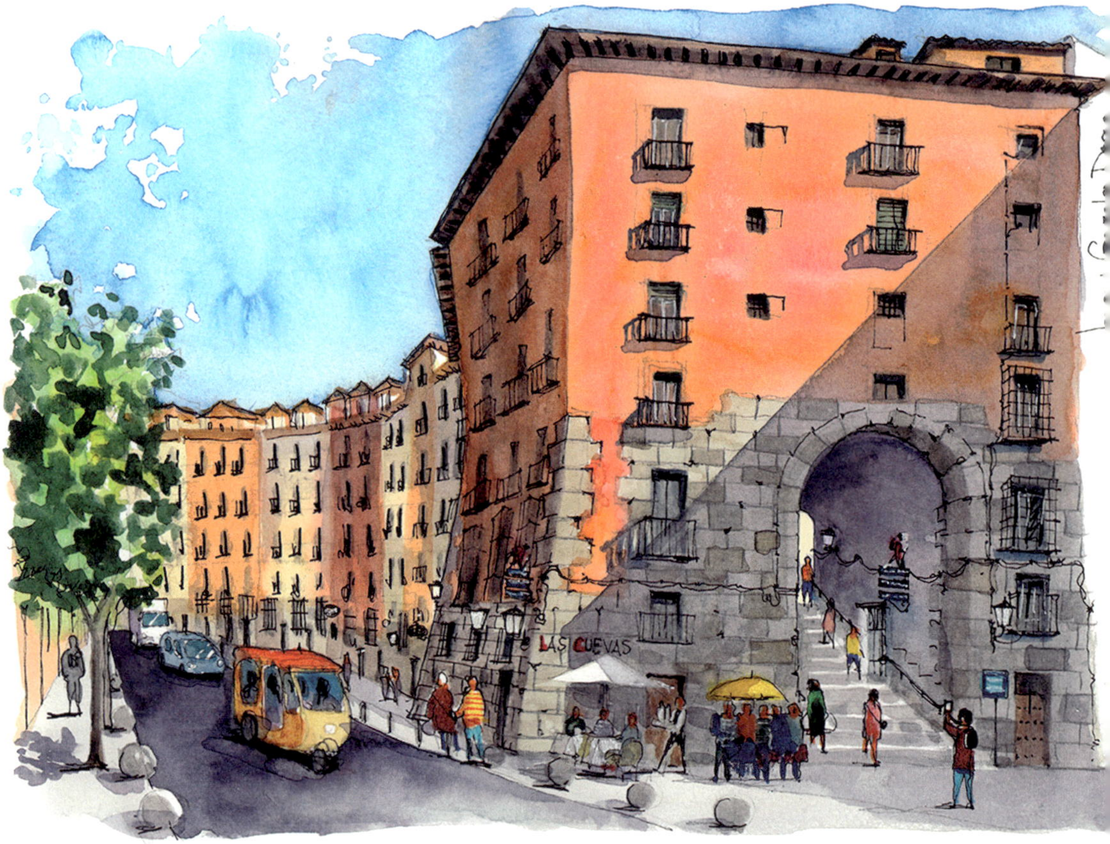

Arco de Cuchilleros
Lápiz, rotulador calibrado y acuarela
Pencil, calibrated marker, and watercolor
297 x 420 mm

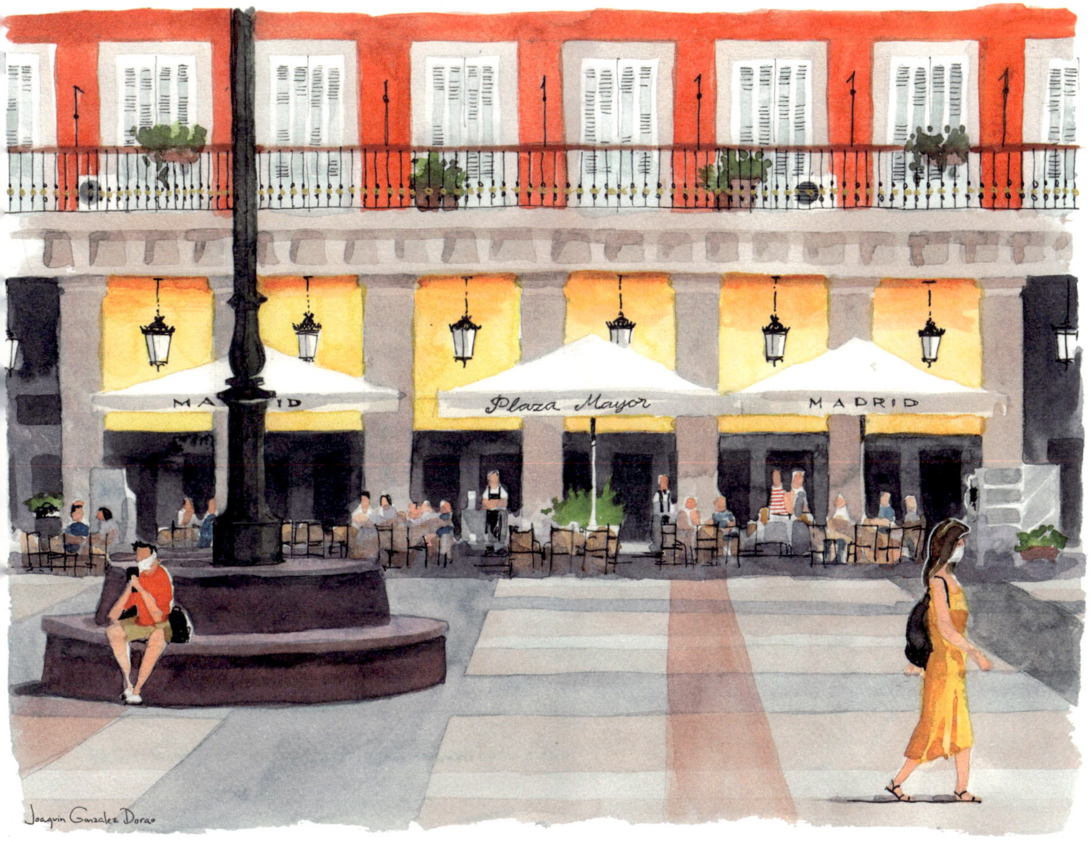

Plaza Mayor
Lápiz, rotulador calibrado y acuarela
Pencil, calibrated marker, and watercolor
297 x 420 mm

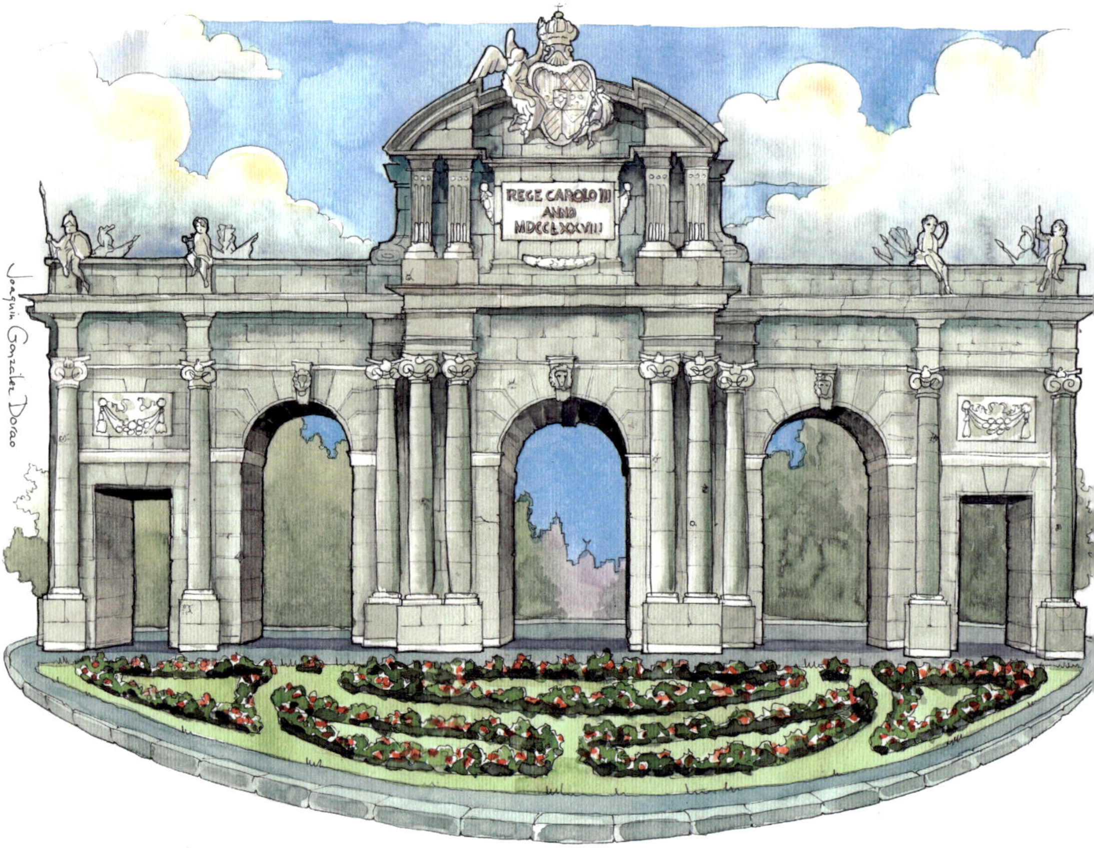

Puerta de Alcalá
Lápiz, rotulador calibrado y acuarela
Pencil, calibrated marker, and watercolor
297 x 420 mm

Templo de Debod / *Temple of Debod*
Lápiz, rotulador calibrado y acuarela
Pencil, calibrated marker, and watercolor
297 x 420 mm

Palacio Real / *Royal Palace*
Lápiz, rotulador calibrado y acuarela
Pencil, calibrated marker, and watercolor
297 x 420 mm

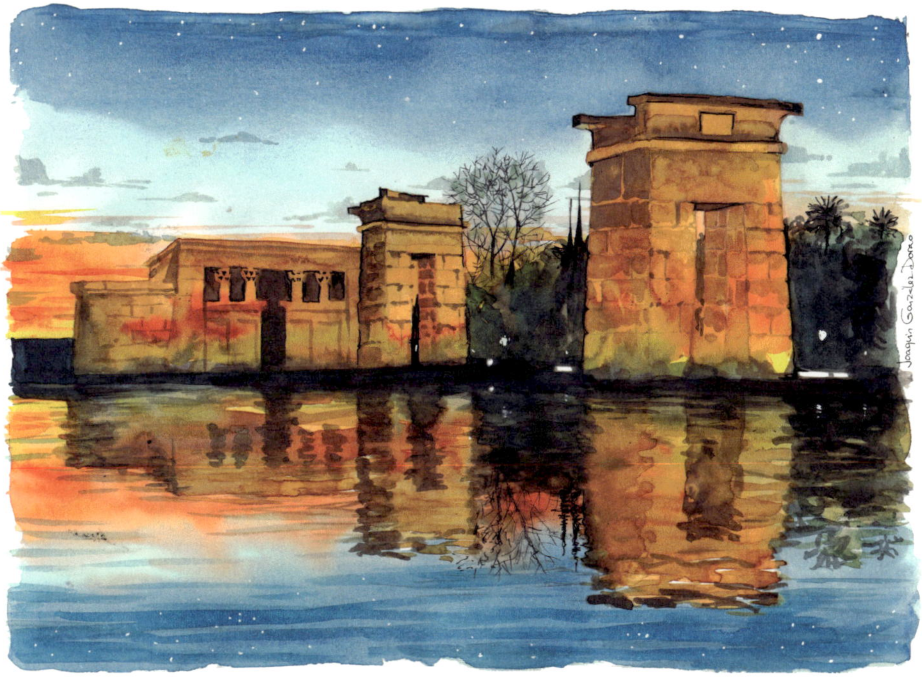

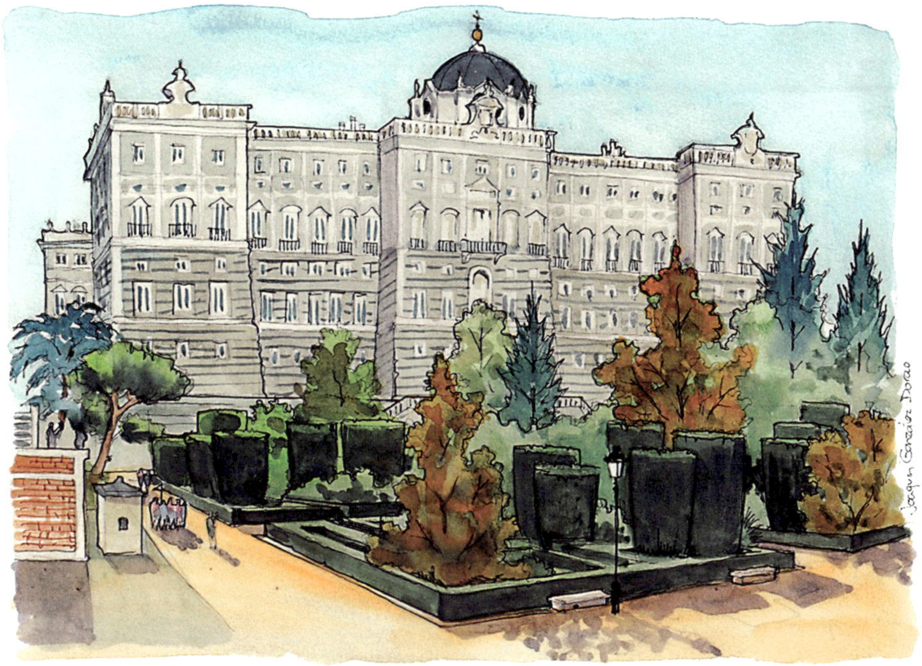

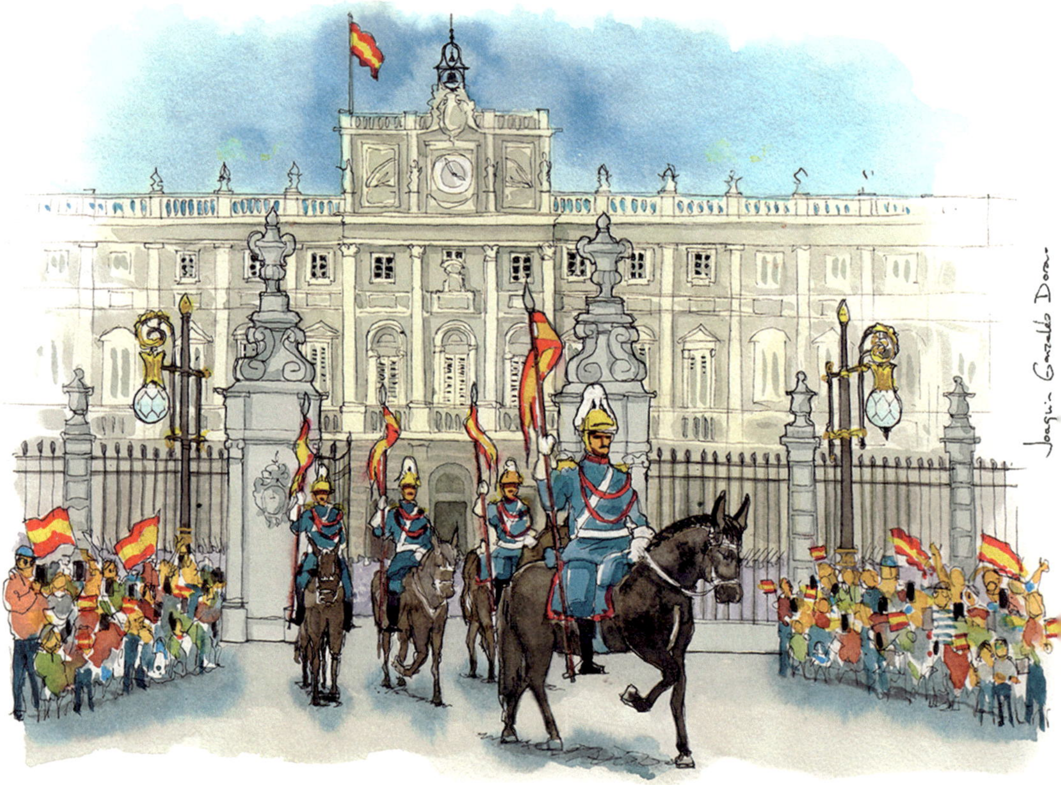

Guardia Real / *Royal Guard*
Lápiz, rotulador calibrado y acuarela
Pencil, calibrated marker, and watercolor
297 x 420 mm

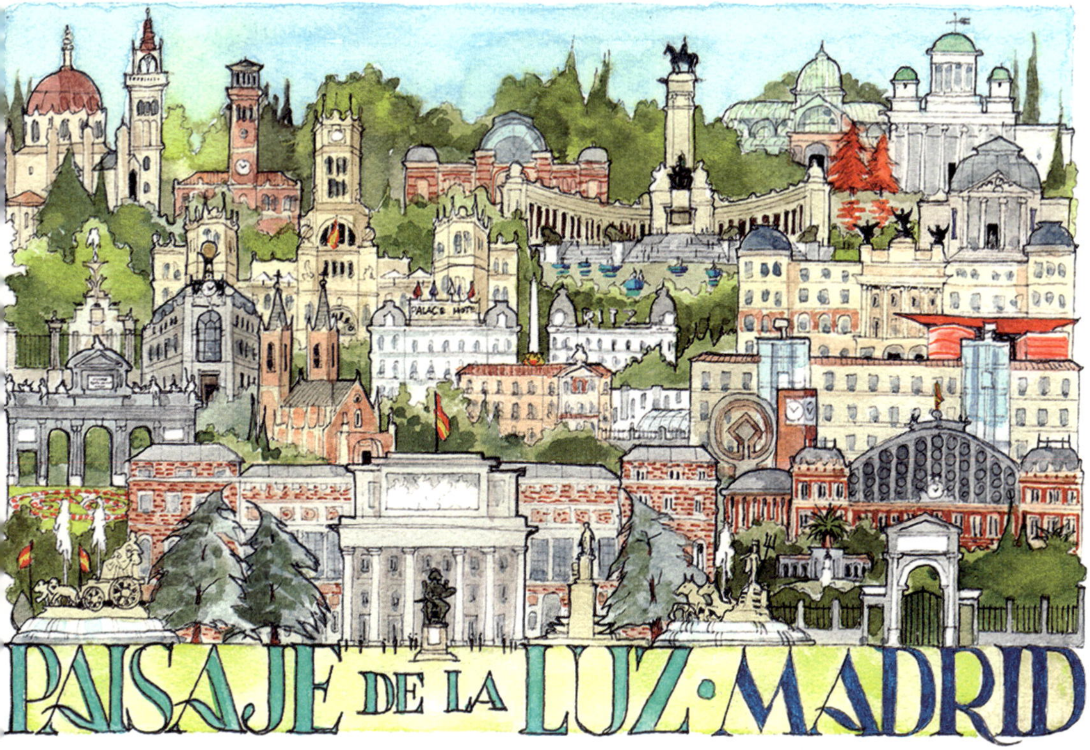

Paisaje de la luz / *Landscape of light*
Lápiz, rotulador calibrado y acuarela
Pencil, calibrated marker, and watercolor
297 x 420 mm

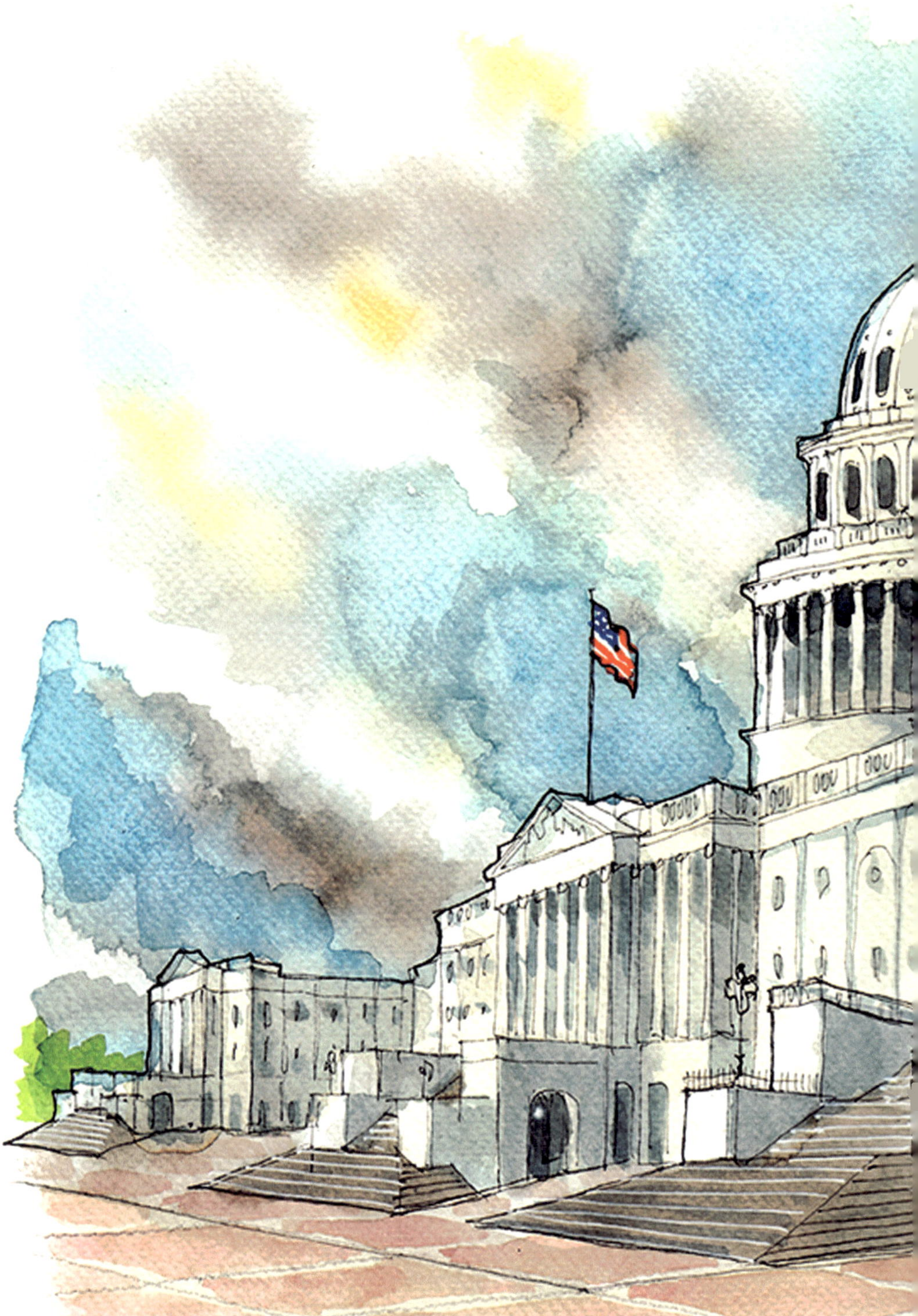

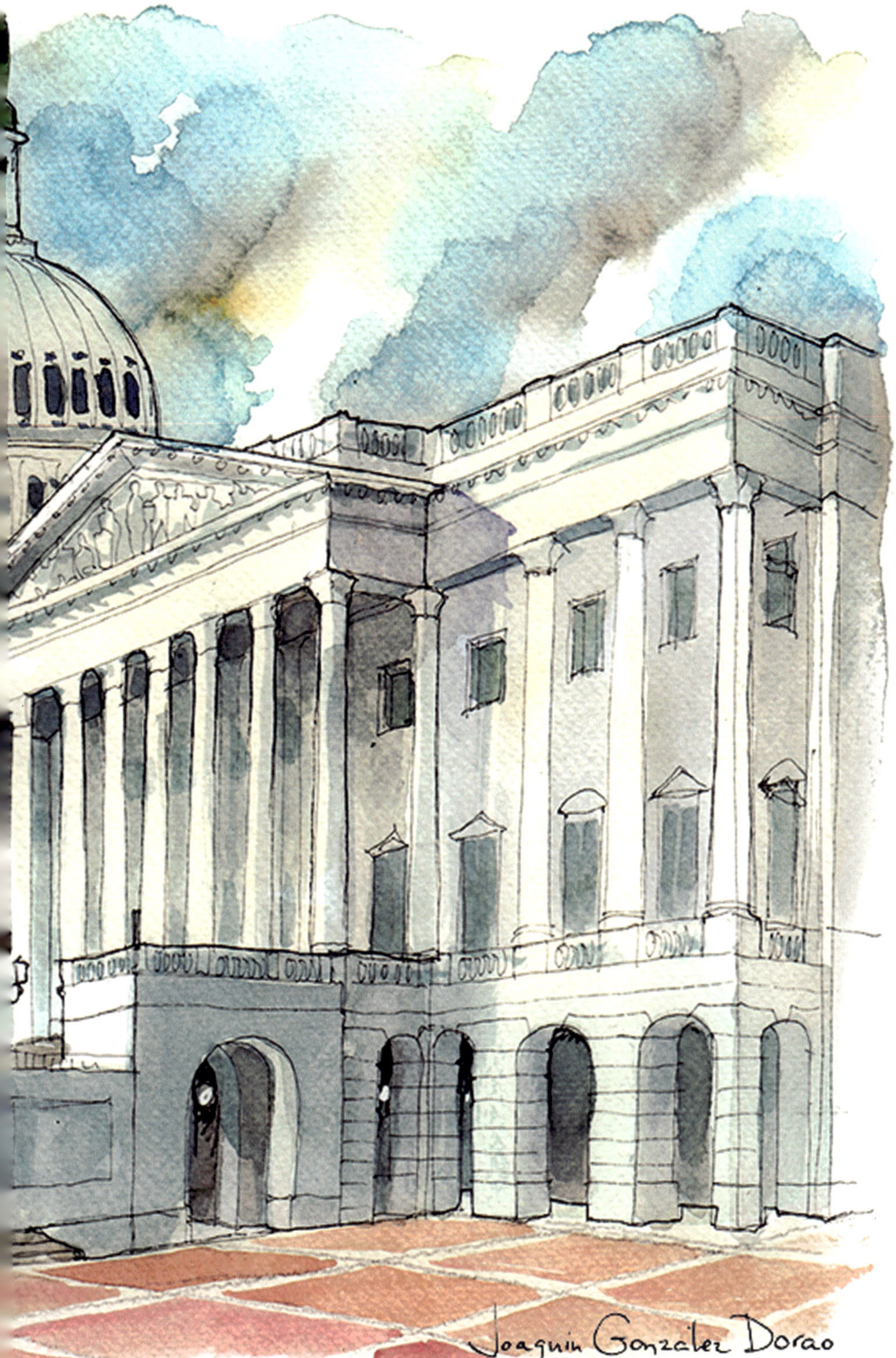

El Capitolio / *Capitol*
Lápiz, rotulador calibrado y acuarela
Pencil, calibrated marker, and watercolor
297 x 420 mm

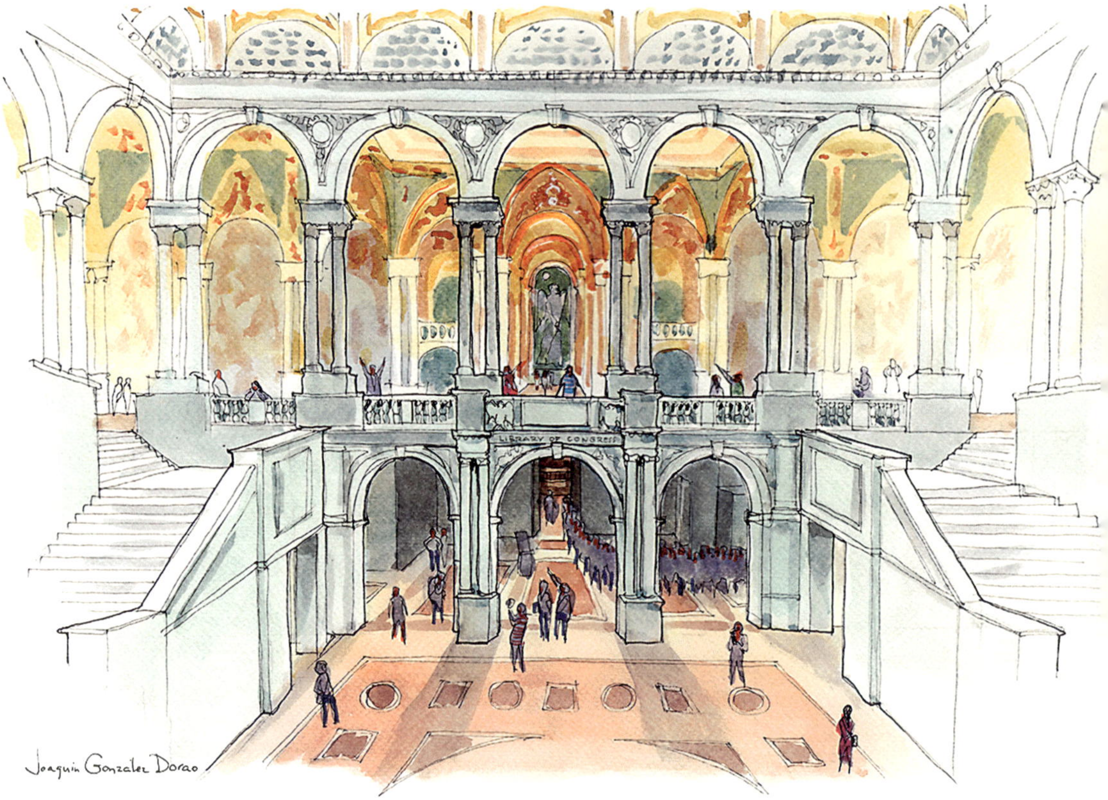

Biblioteca del Congreso

Library of Congress

Lápiz, rotulador calibrado y acuarela

Pencil, calibrated marker, and watercolor

297 x 420 mm

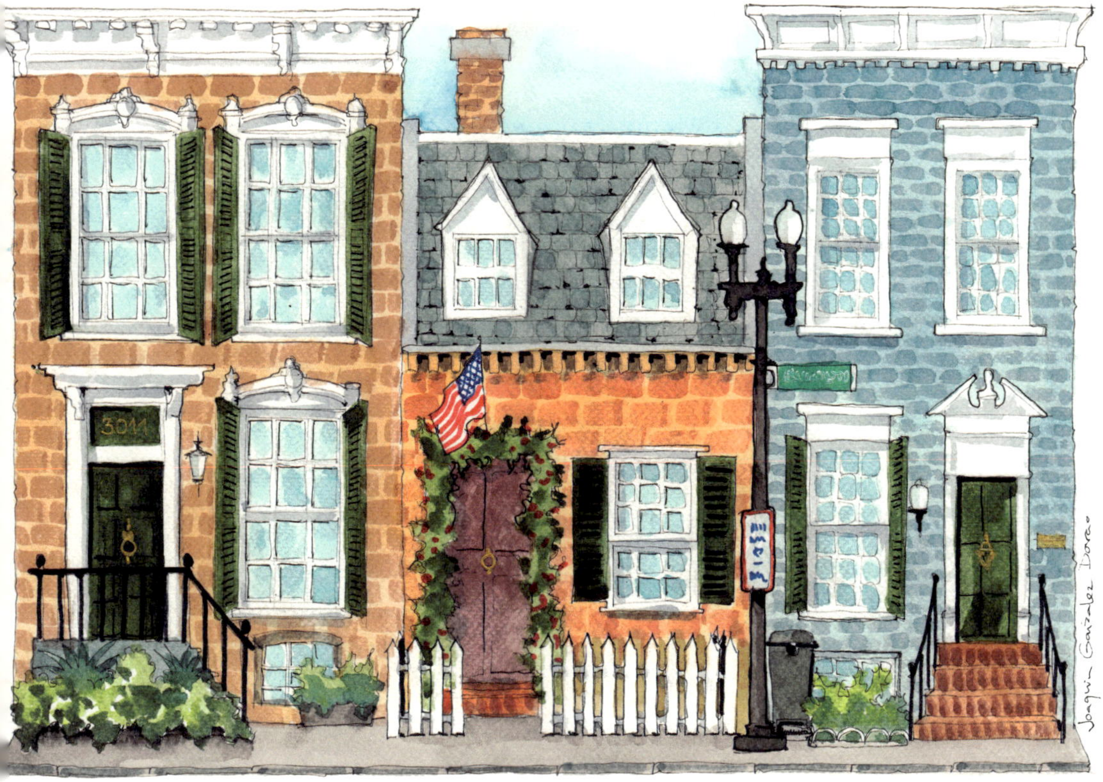

Georgetown
Lápiz, rotulador calibrado y acuarela
Pencil, calibrated marker, and watercolor
297 x 420 mm

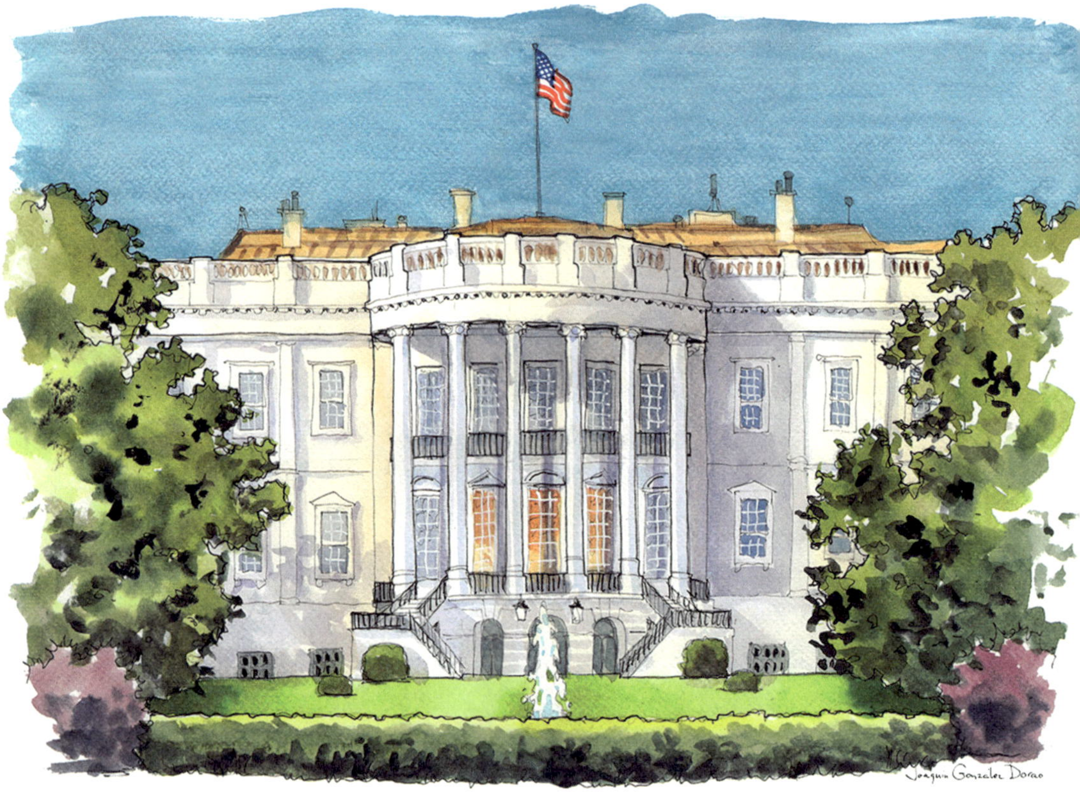

La Casa Blanca / *White House*
Lápiz, rotulador calibrado y acuarela
Pencil, calibrated marker, and watercolor
297 x 420 mm

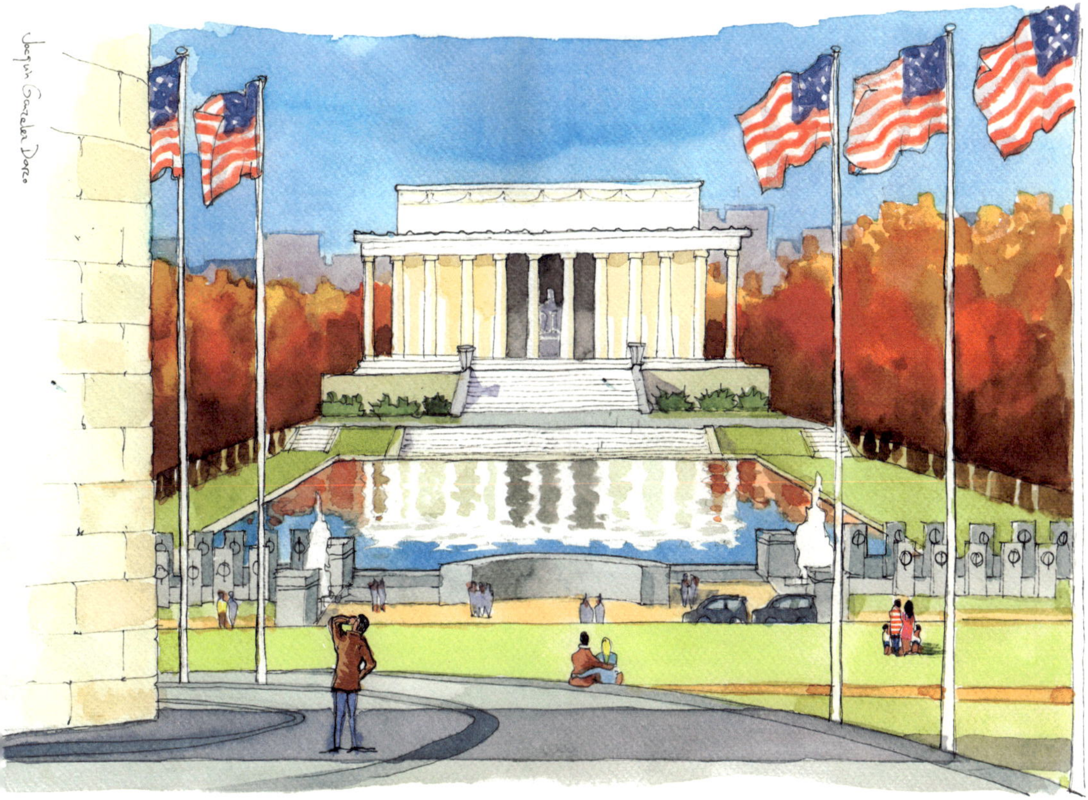

Lincoln Mall
Lápiz, rotulador calibrado y acuarela
Pencil, calibrated marker, and watercolor
297 x 420 mm

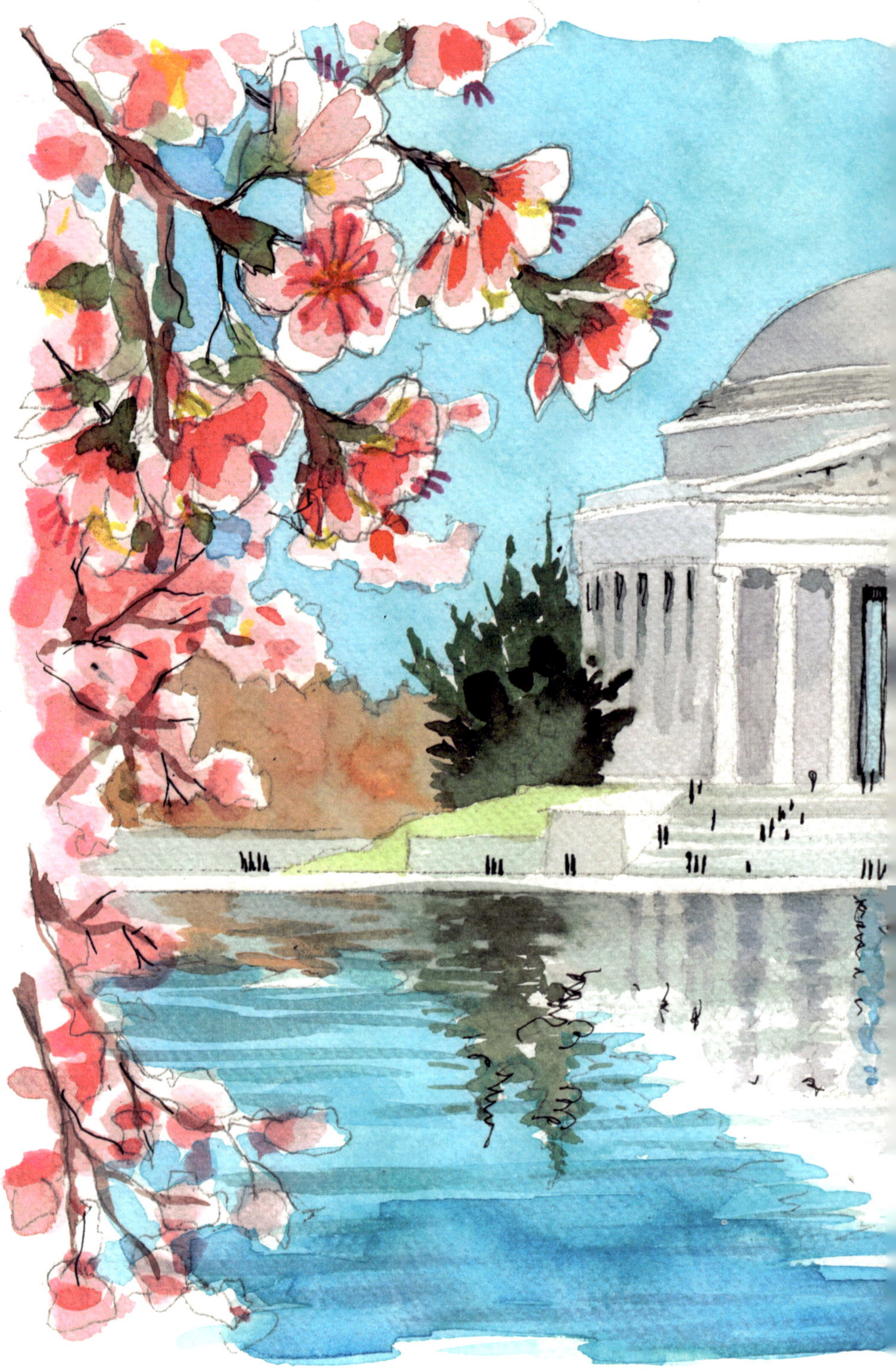

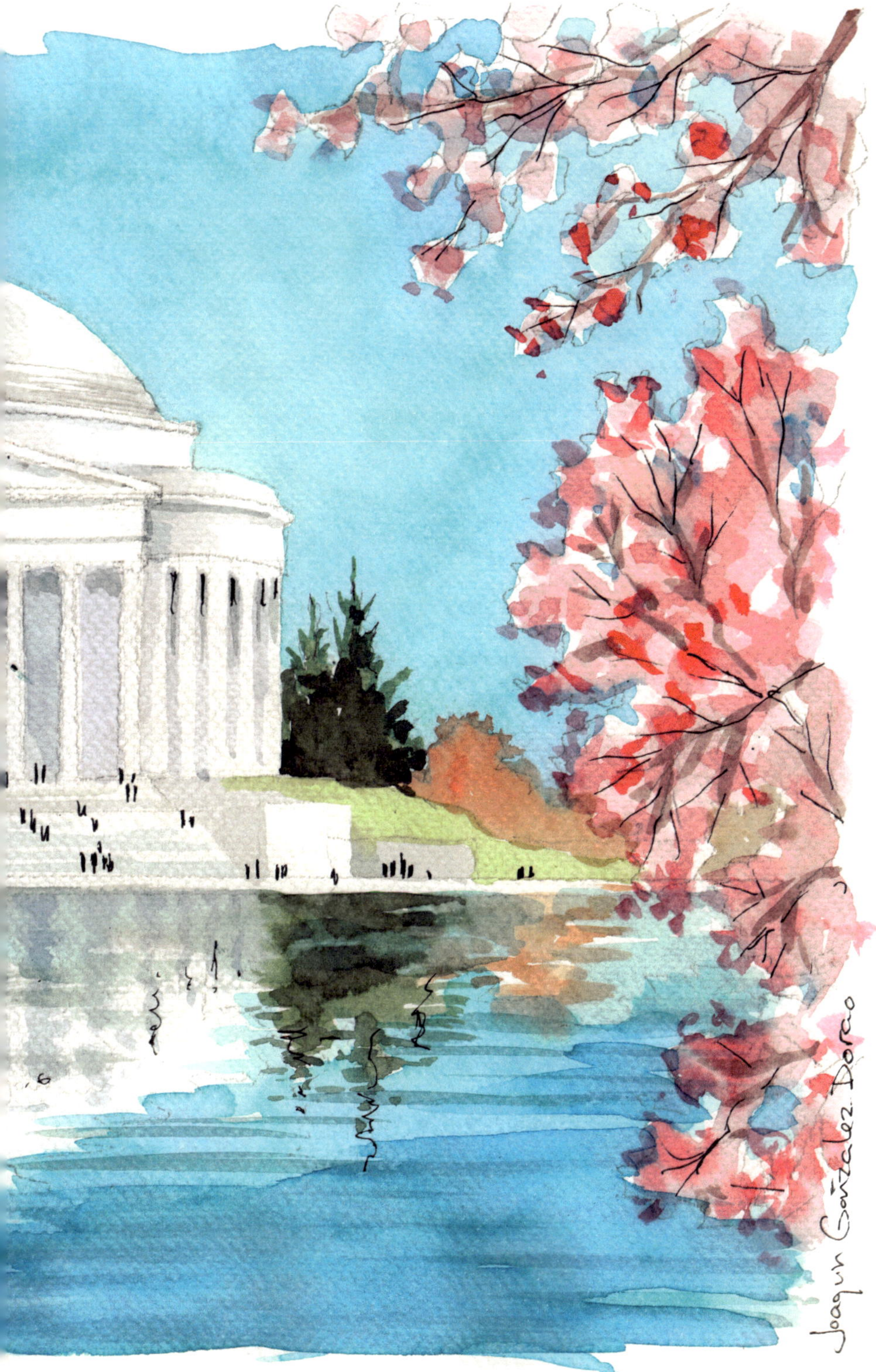

Cerezos, Monumento a Jefferson
Cherry trees, Jefferson Memorial
Lápiz, rotulador calibrado y acuarela
Pencil, calibrated marker, and watercolor
297 x 420 mm

Ana Rojo, ilustradora y docente afincada en Madrid, combina técnicas tradicionales y digitales para capturar la esencia de la vida urbana. Con formación en arquitectura y diseño gráfico, desde muy joven ha estado vinculada al mundo del dibujo y la pintura, y ha participado en diversos talleres y encuentros de dibujo urbano. Colabora habitualmente en la revista madrileña *eme21mag*, para la que ha ilustrado temas relacionados con la historia y la cultura de la ciudad. Su participación en el colectivo Urban Sketchers Madrid ha sido destacada en medios como *El País*.

Su trabajo se caracteriza por representar escenas cotidianas de la ciudad mediante técnicas como el dibujo, la acuarela y el *collage*. Suele dibujar directamente en el lugar, lo que le permite conectar mejor con la realidad de las escenas, hablar con la gente y disfrutar del entorno. Cuando recurre a la fotografía como referencia, parte de una idea y una composición ya preconcebidas, y elabora un boceto digital que luego transfiere en acuarela al papel.

Ana Rojo is an illustrator and teacher from Madrid who combines traditional and digital techniques to capture the essence of urban life. After training in both architecture and graphic design, she entered the world of drawing and painting and took part in workshops and urban sketching meetups. She has also contributed to the Madrid magazine *eme21mag*, illustrating subjects related to the city's history and culture. Her participation in the Urban Sketchers Madrid collective has been covered by media outlets such as *El País* newspaper.

Her work is characterized by the depiction of everyday city scenes via techniques such as drawing, watercolor, and collage. She usually works by drawing on the spot or taking photos for future reference. Working on the street allows her to get closer to the reality of scenes, talk to people, and enjoy the location. When she uses photographs, she plans the concept and composition beforehand and prepares a digital sketch that she later transfers to paper with watercolors.

@aidibus
aidibus.com

ANA ROJO

Diciembre *December* • 2024
MADRID

Noviembre *November* • 2024
WASHINGTON D. C.

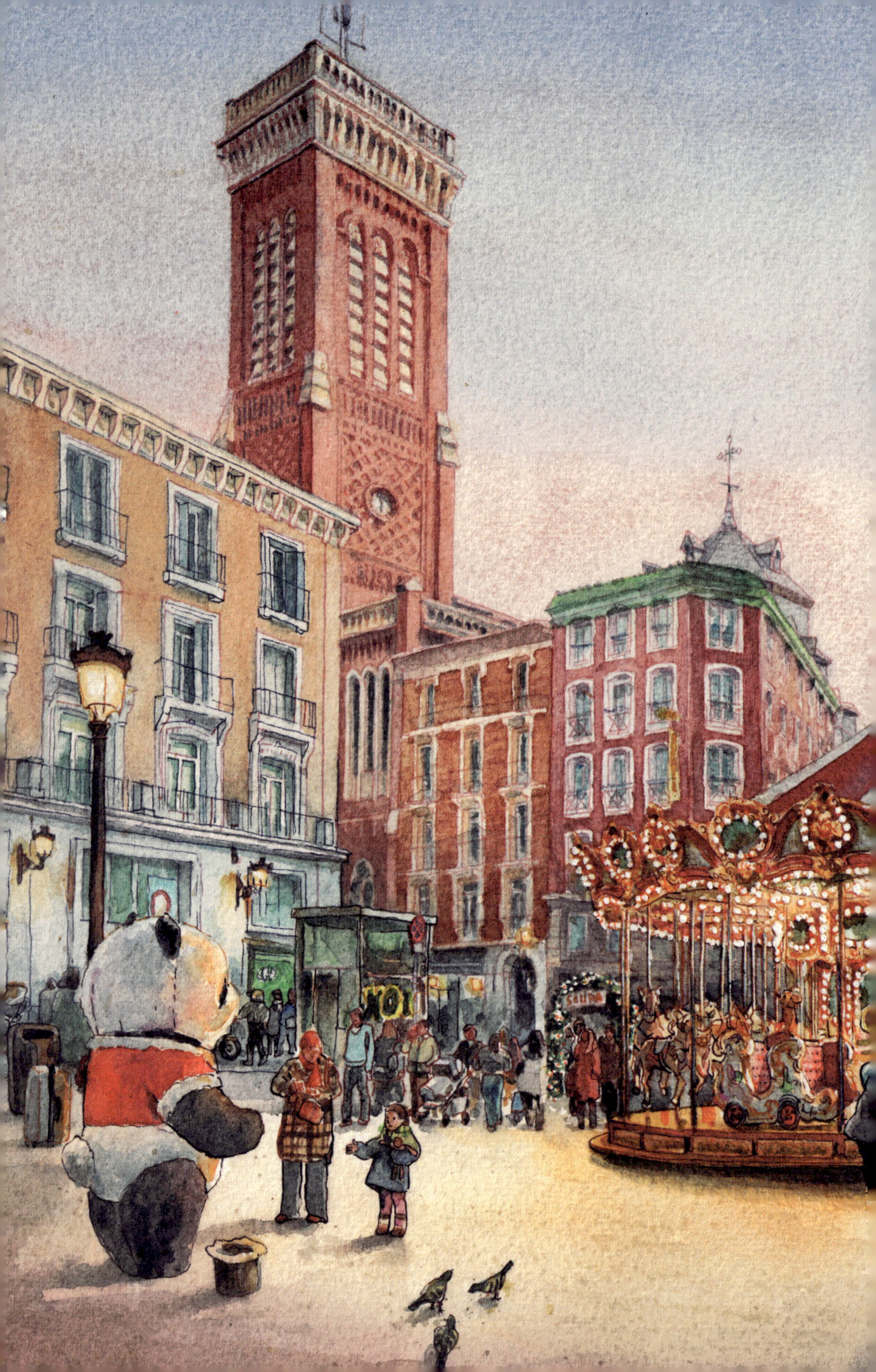

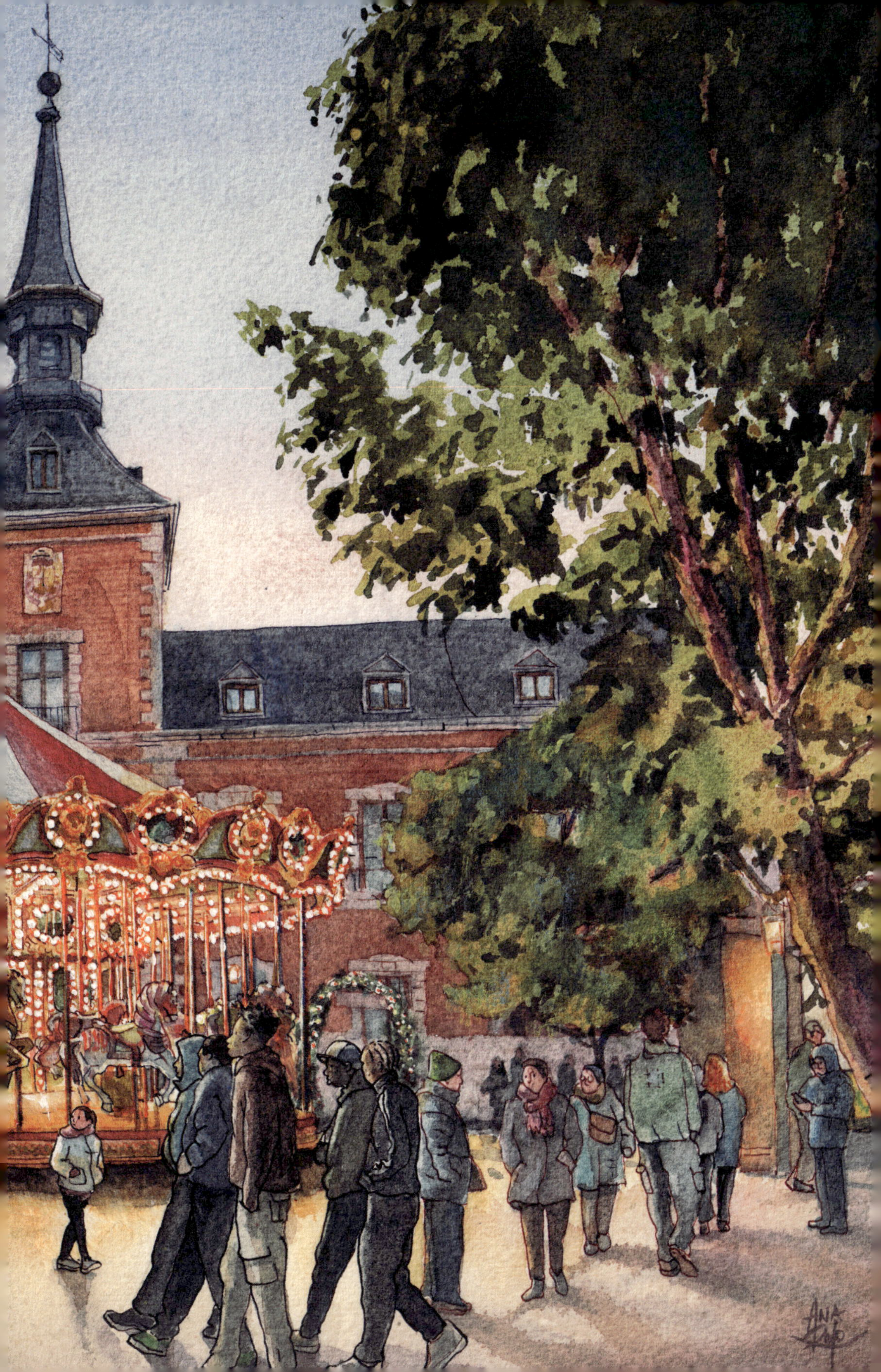

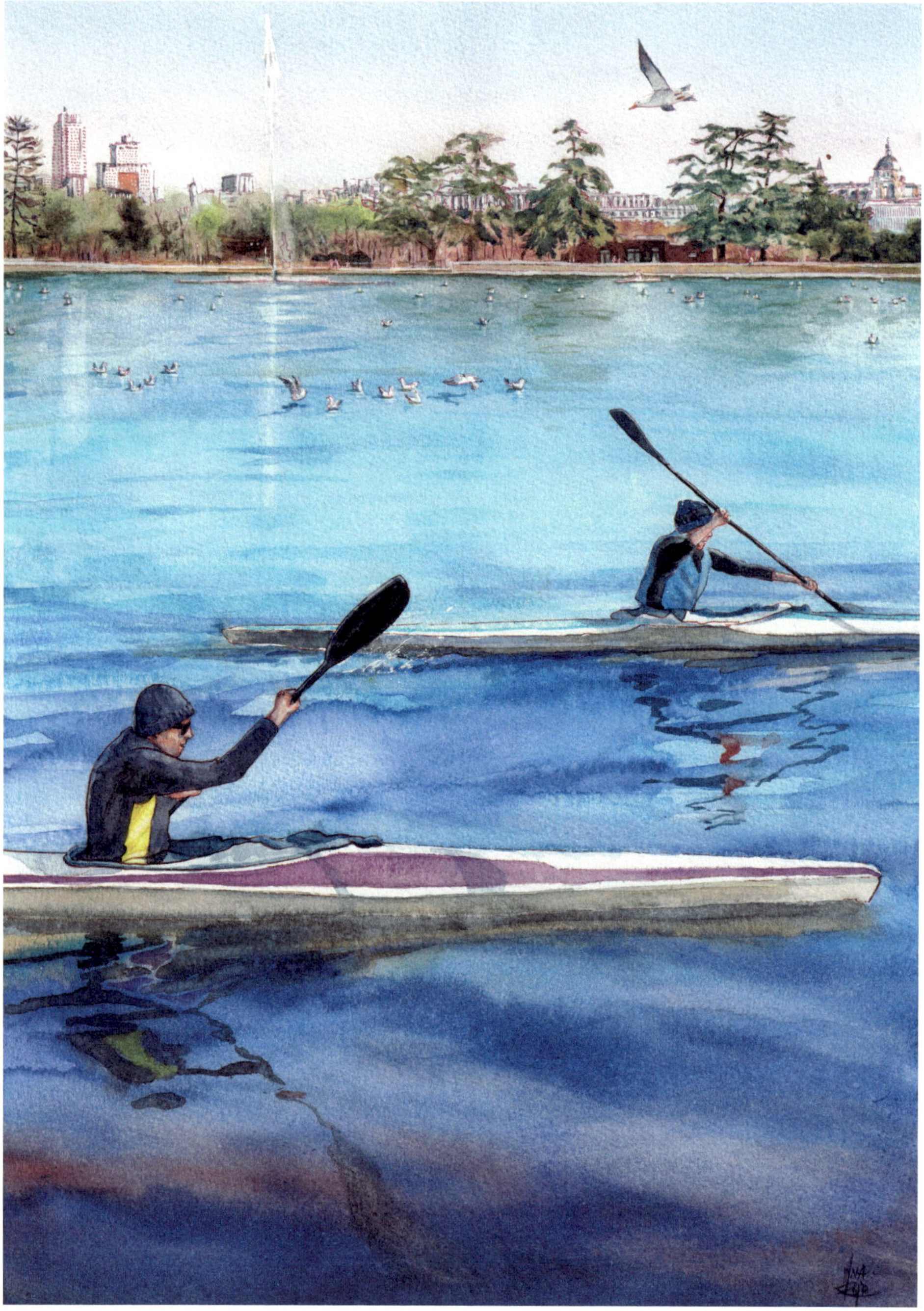

Lago de la Casa de Campo / *Lake of the Casa de Campo*
Acuarela y tinta sobre papel
Watercolor and ink on paper
420 x 297 mm

◀ **Plaza de Santa Cruz**
Acuarela y tinta sobre papel
Watercolor and ink on paper
297 x 420 mm

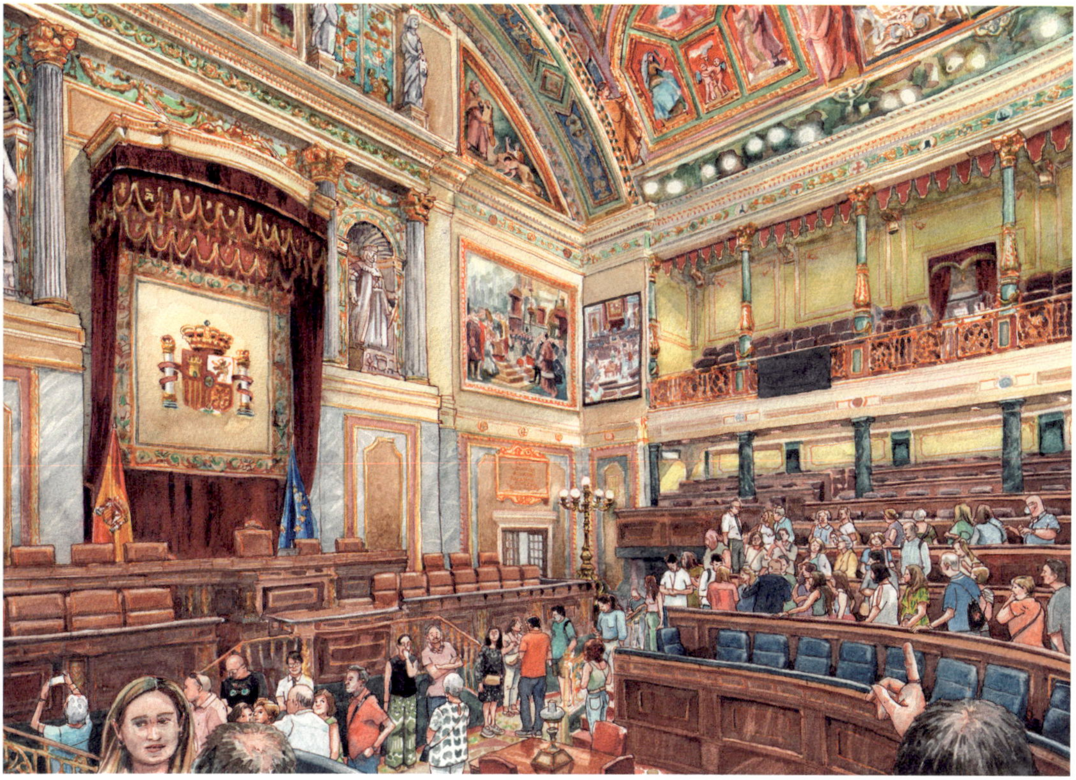

Congreso de los Diputados
Congress of Representatives
Acuarela y tinta sobre papel
Watercolor and ink on paper
297 x 420 mm

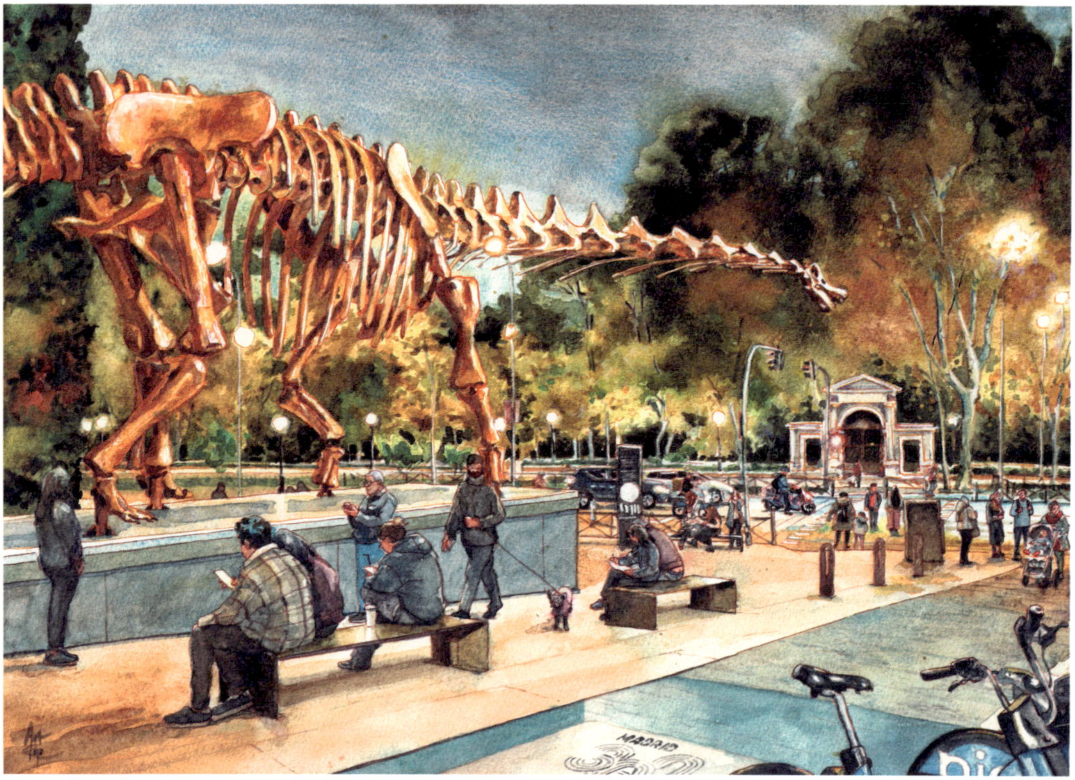

Paseo del Prado
Acuarela y tinta sobre papel
Watercolor and ink on paper
297 x 420 mm

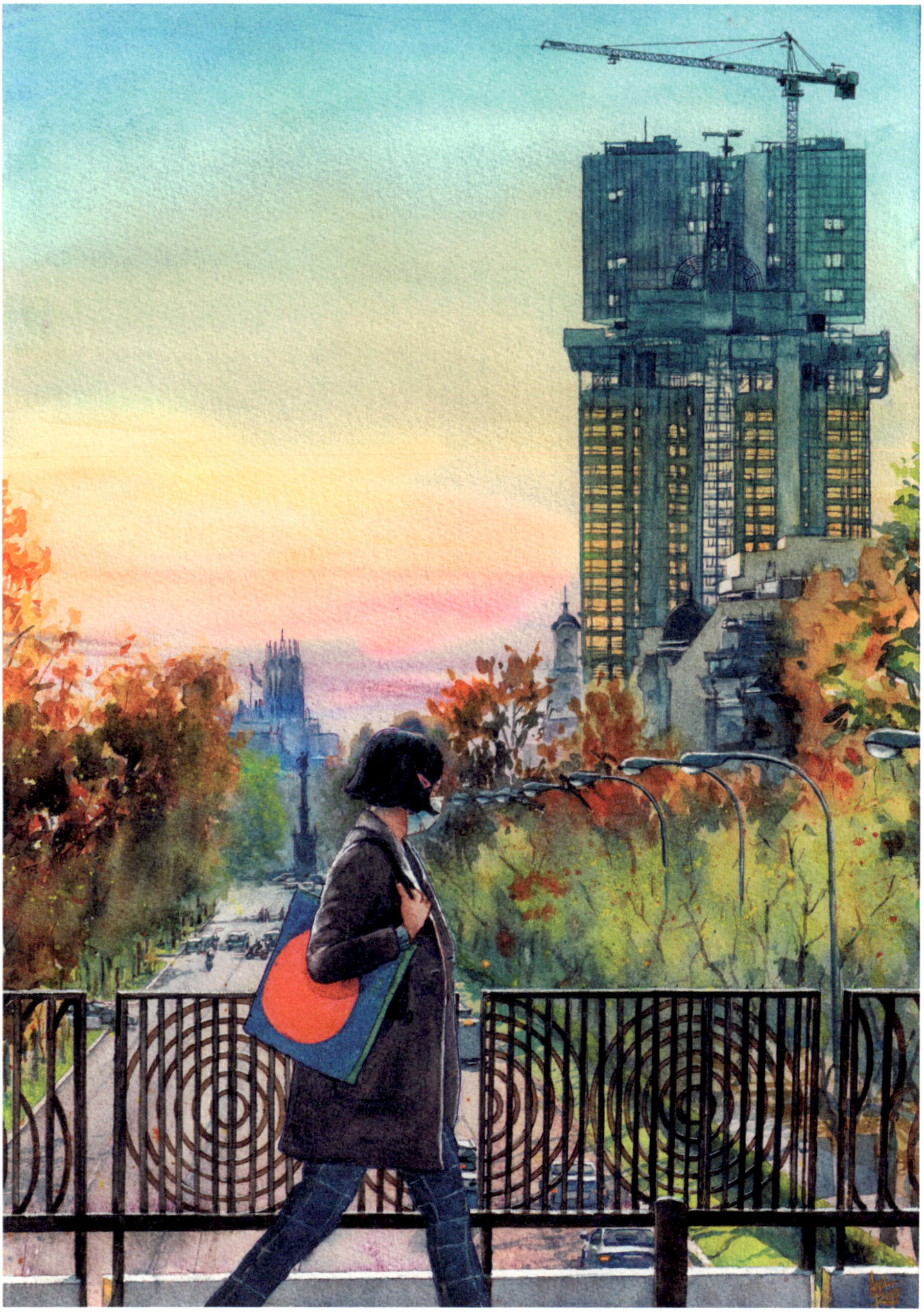

Paseo de la Castellana
Acuarela y tinta sobre papel
Watercolor and ink on paper
420 x 297 mm

Corrala en Lavapiés / *Corrala in Lavapiés* ▶
Acuarela y tinta sobre papel
Watercolor and ink on paper
297 x 420 mm

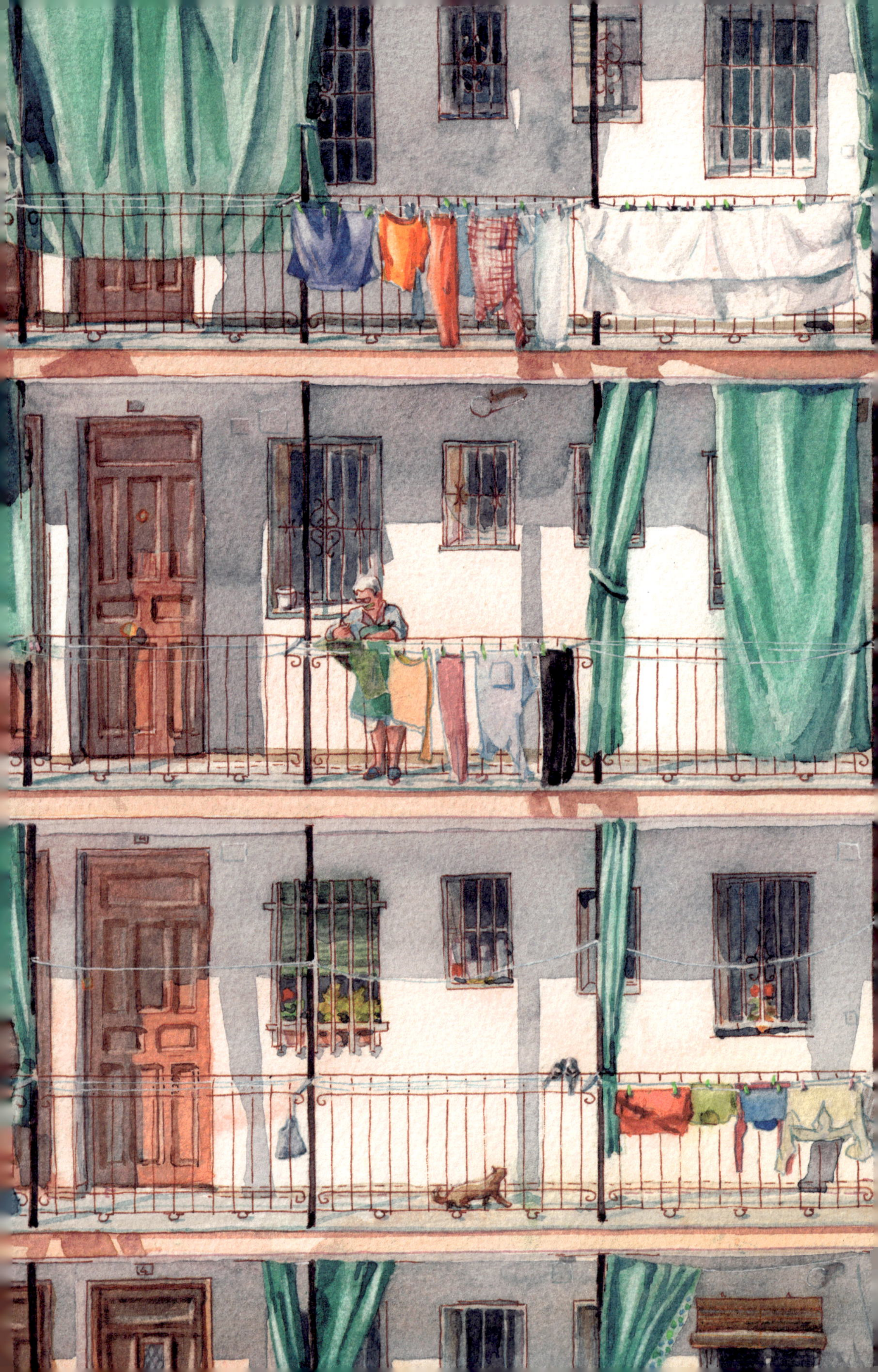

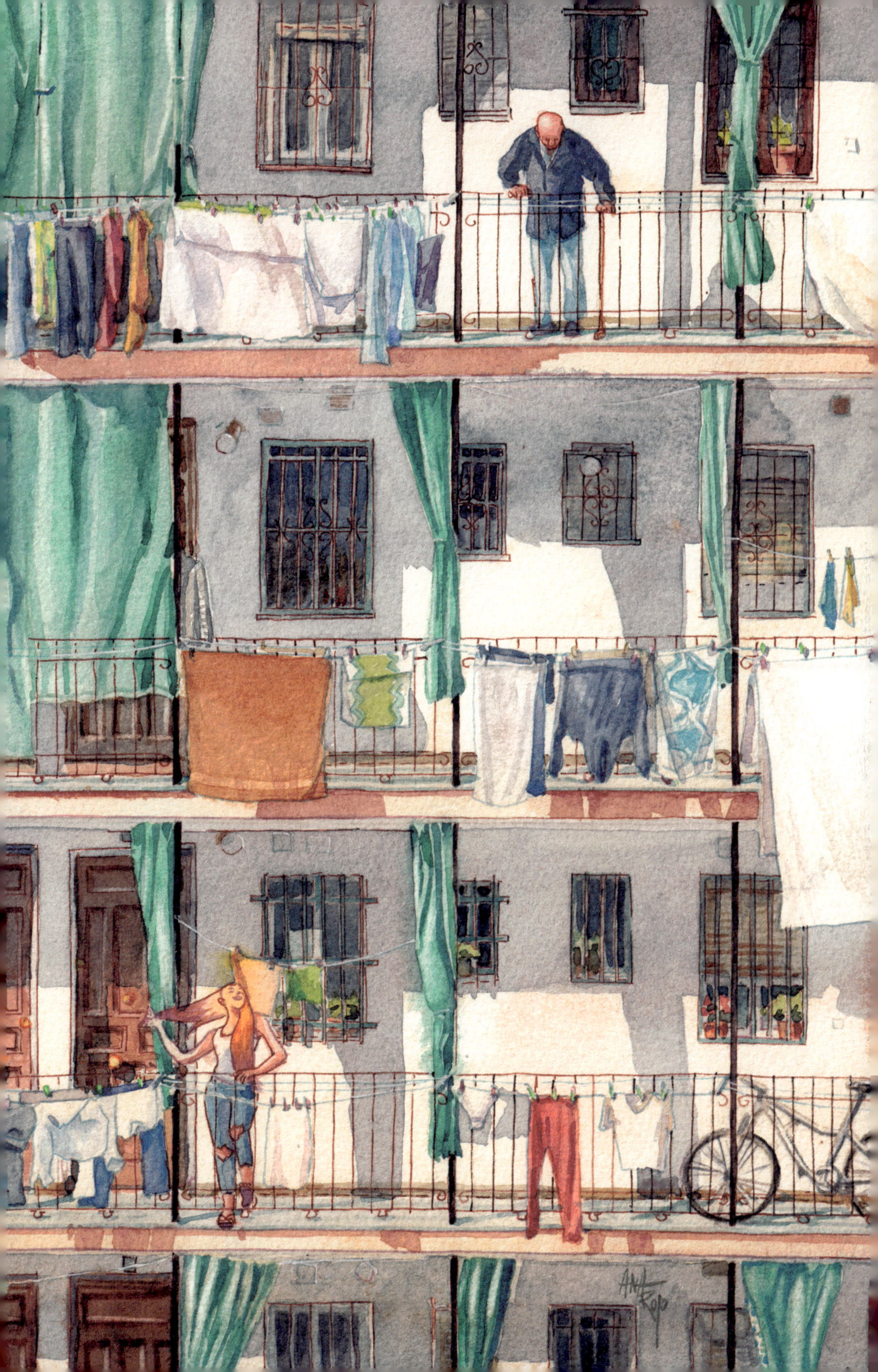

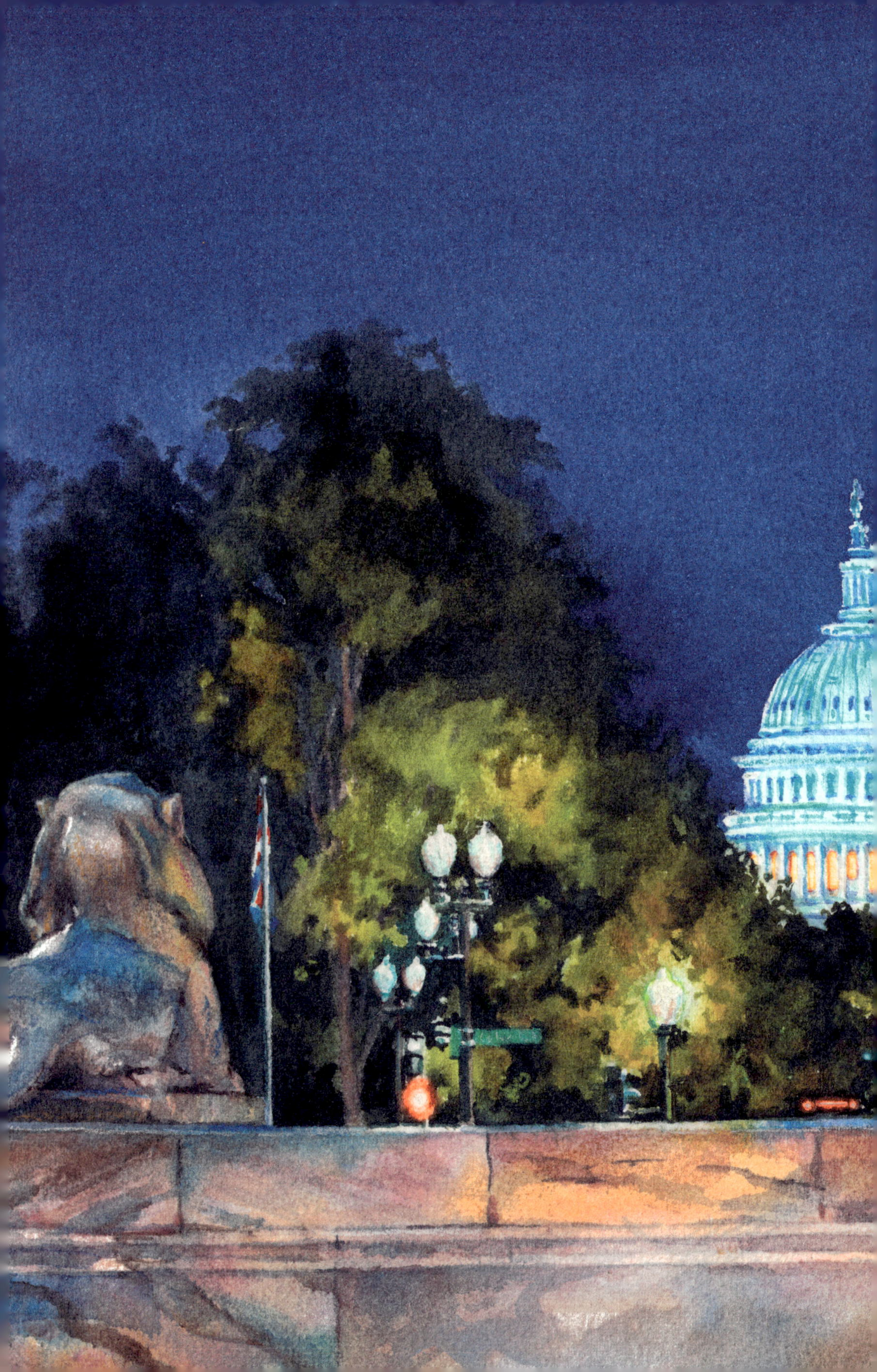

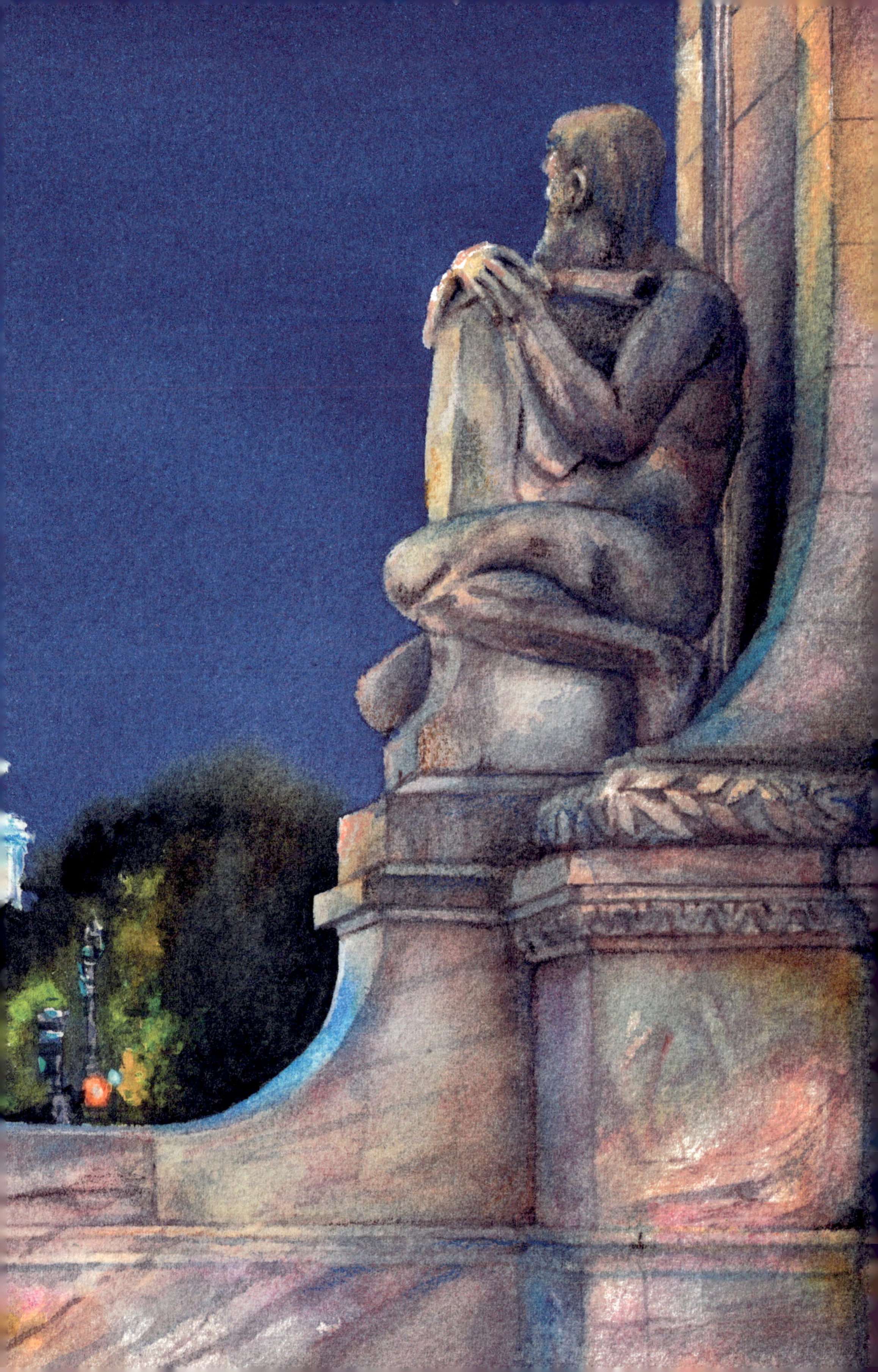

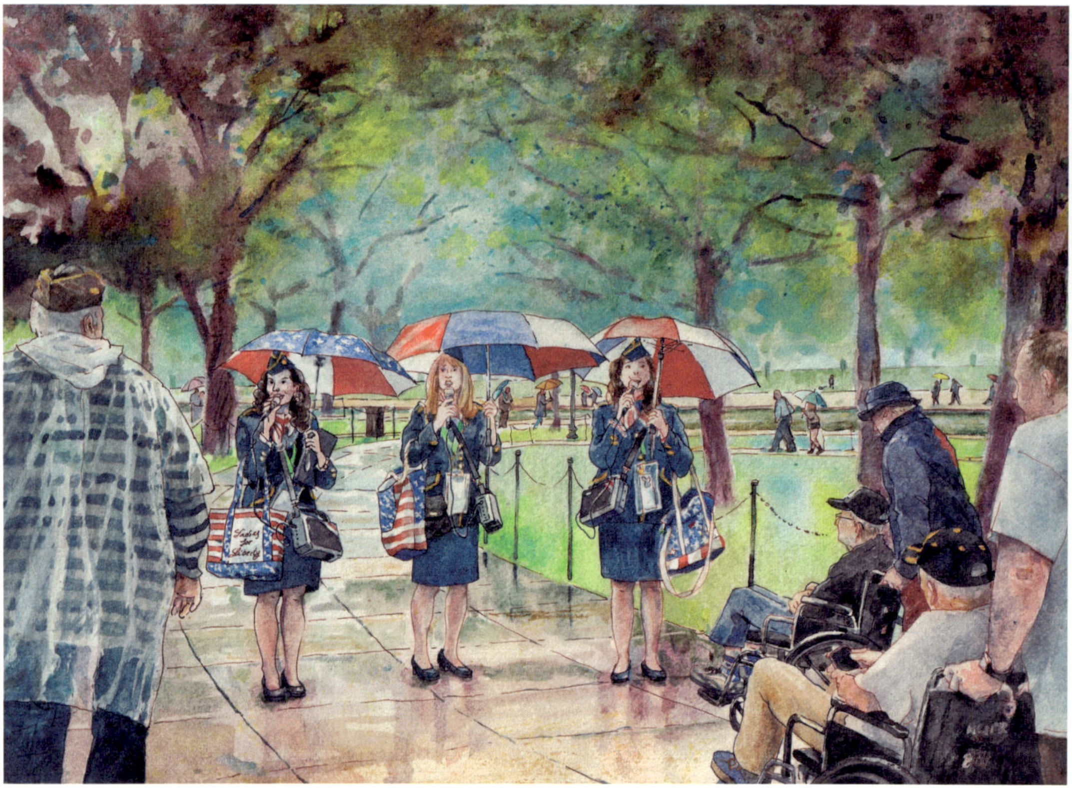

Mujeres por la libertad
Ladies for Liberty
Acuarela y tinta sobre papel
Watercolor and ink on paper
297 x 420 mm

◀ **Mirando el Capitolio**
Looking at the Capitol
Acuarela y tinta sobre papel
Watercolor and ink on paper
297 x 420 mm

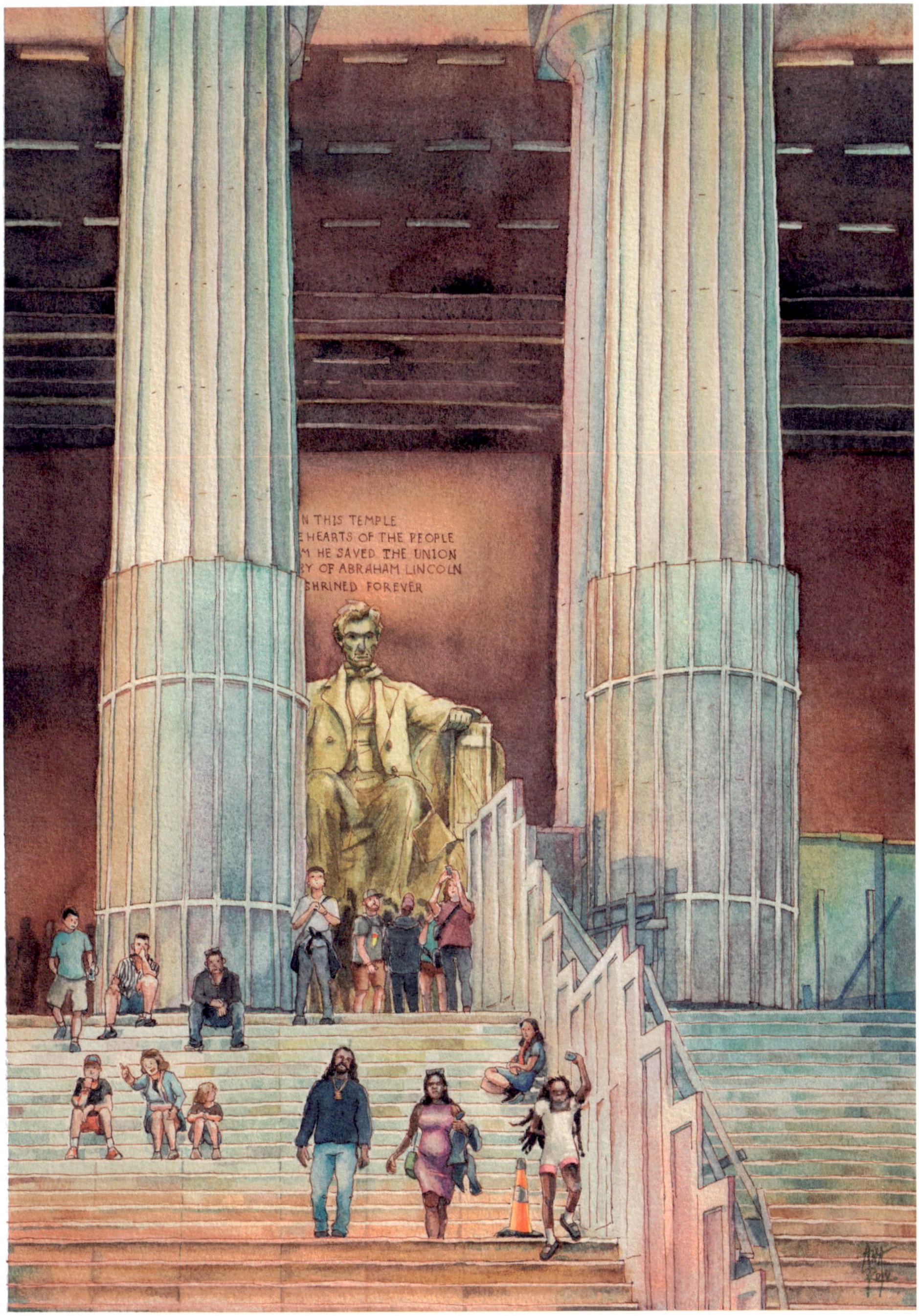

Lincoln Memorial
Acuarela y tinta sobre papel
Watercolor and ink on paper
420 x 297 mm

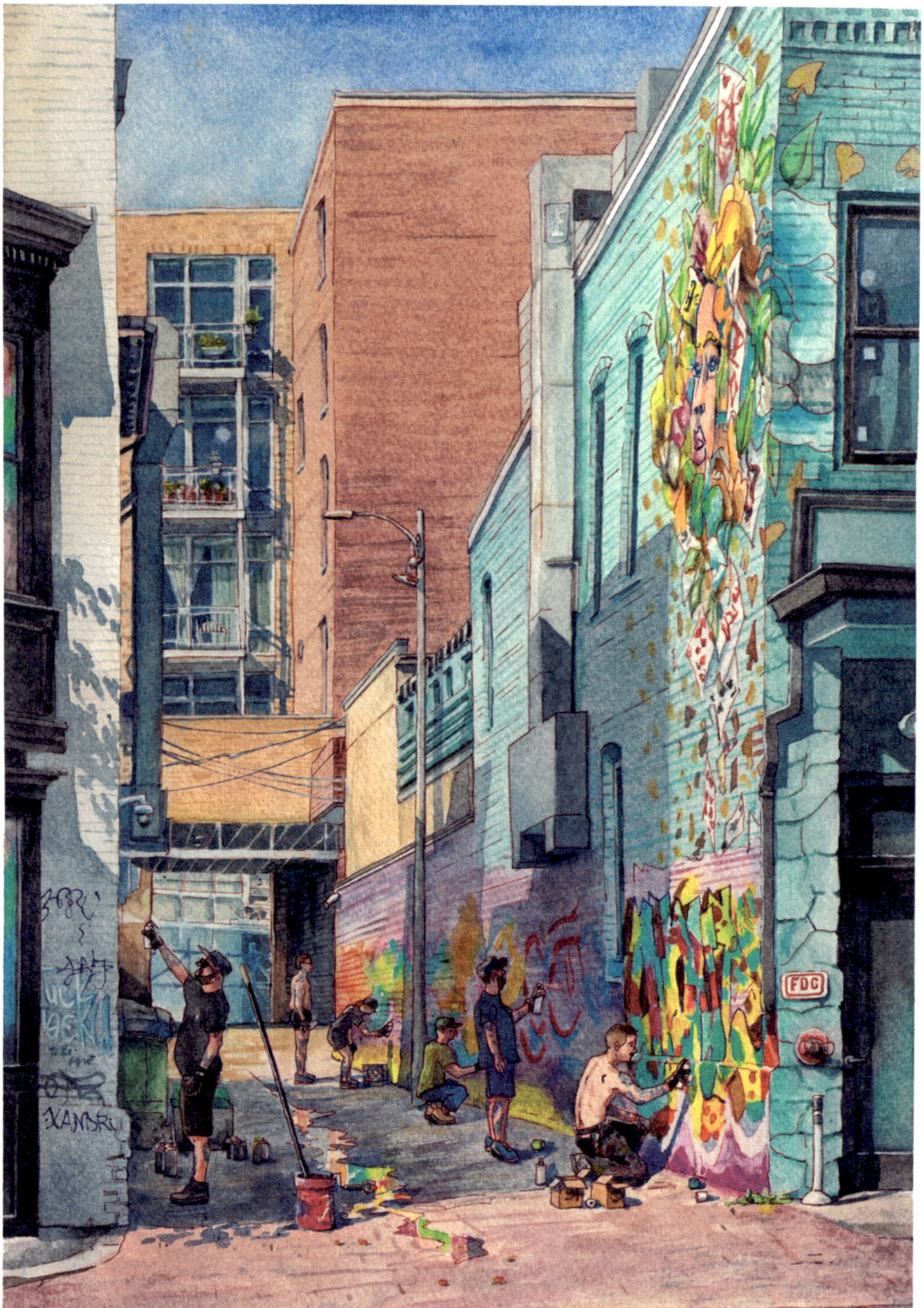

Grafiteros en 1344 U St. NW
Graffiti artists on 1344 U St. NW
Acuarela y tinta sobre papel
Watercolor and ink on paper
420 x 297 mm

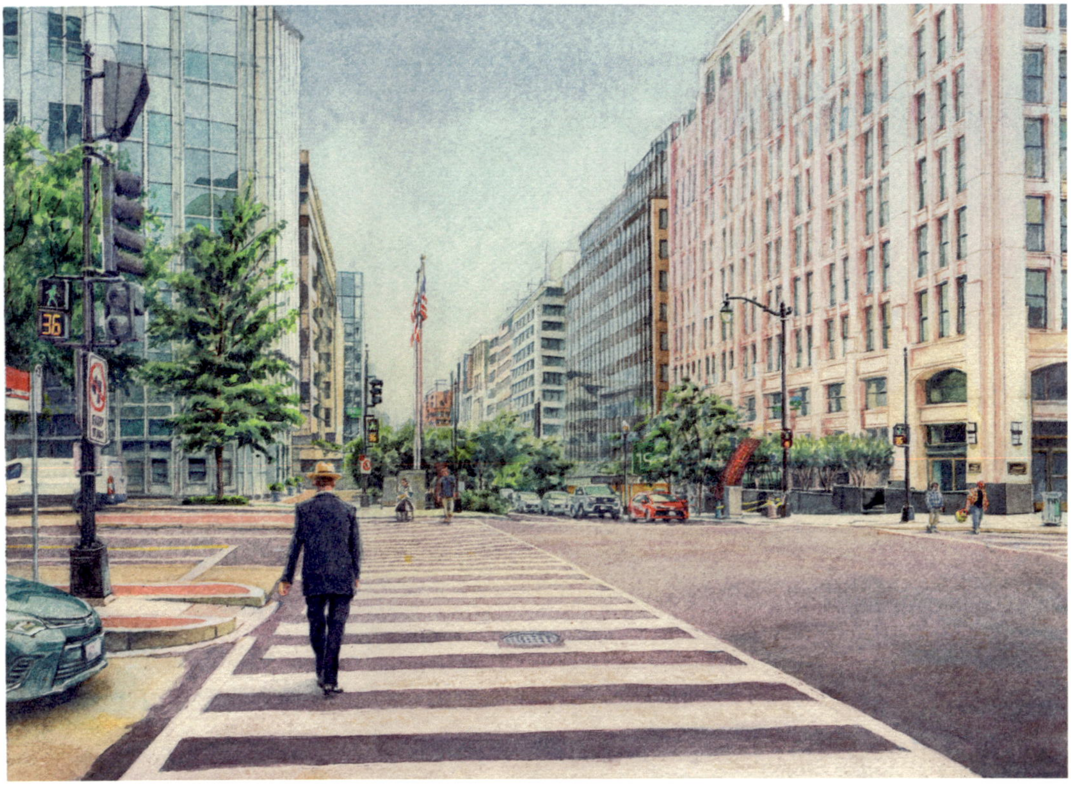

Cruce de la calle K con la 19
Junction of K Street and 19th
Acuarela y tinta sobre papel
Watercolor and ink on paper
297 x 420 mm

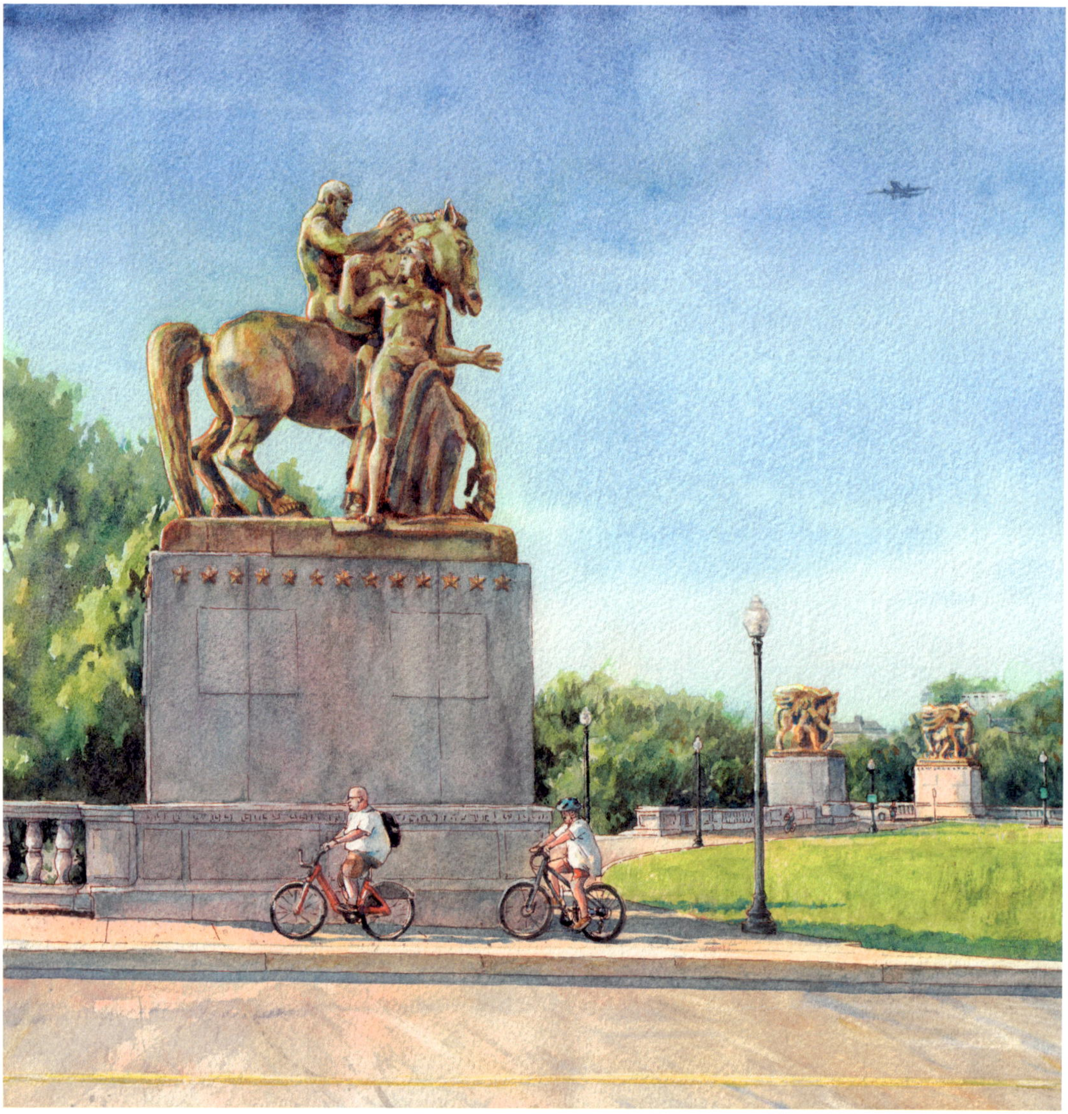

Sacrificio hacia Arlington
Sacrifice toward Arlington
Acuarela y tinta sobre papel
Watercolor and ink on paper
320 x 320 mm

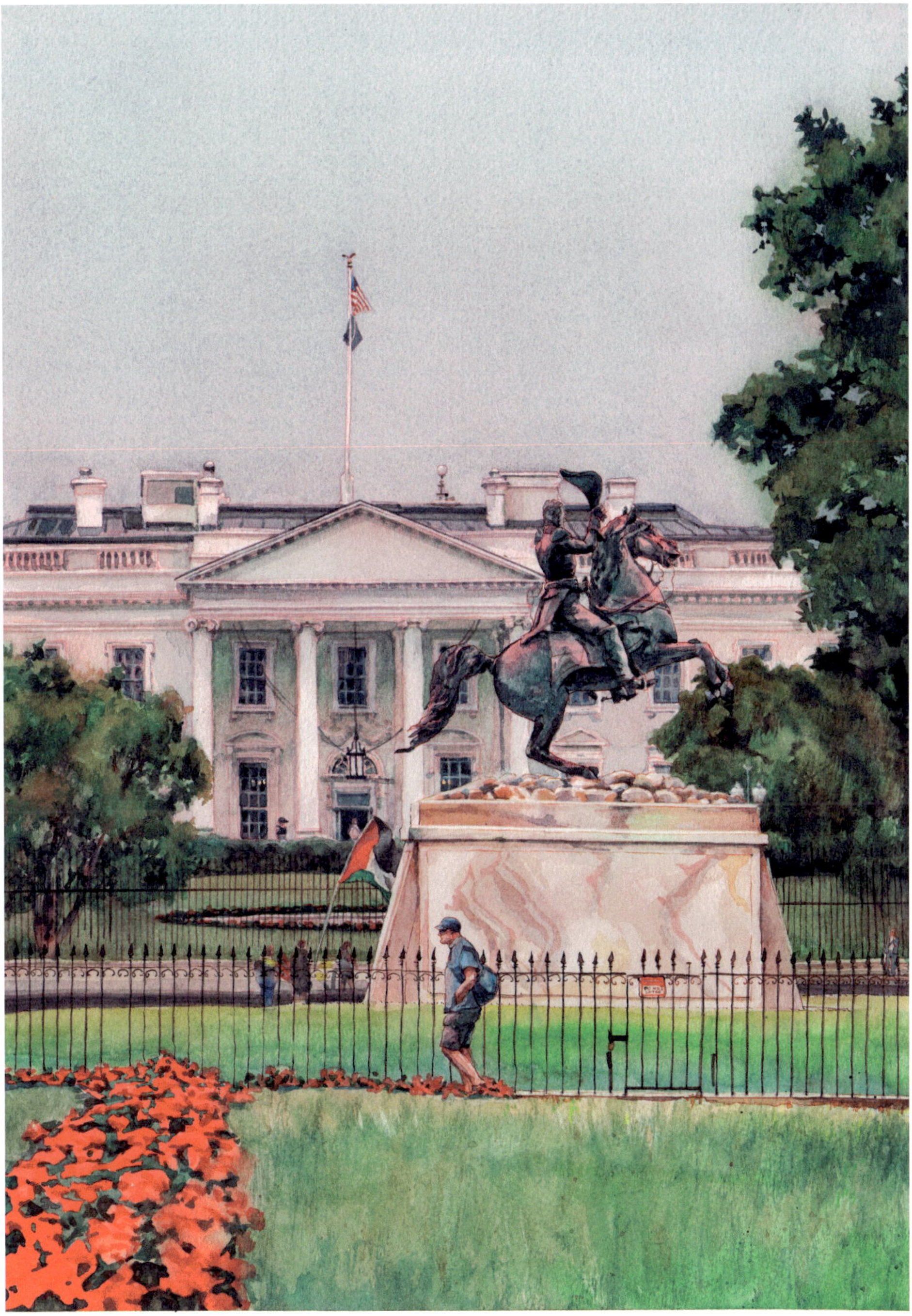

Saludos en el pórtico norte
Salutes at the North Portico
Acuarela y tinta sobre papel
Watercolor and ink on paper
420 x 297 mm

Antonia Santolaya es licenciada en Bellas Artes, formada en Madrid y Londres. A su regreso a Madrid, se dedicó a la pintura, la escultura y el grabado, hasta que en el año 2000 decidió centrarse definitivamente en la ilustración, tras ganar ese mismo año el Premio Apel·les Mestres de la editorial Destino. Desde entonces, ha trabajado con varias editoriales como SM, Anaya, Destino, Santillana y Aldeasa, entre otras. Asimismo, ha colaborado en proyectos publicitarios y en publicaciones dirigidas al público adulto. Actualmente se dedica también a la docencia universitaria e imparte talleres de ilustración.

Antonia Santolaya dibuja, como ella misma dice, para conocerse y conocer el mundo. En sus trabajos, donde no hay un plan prefijado, reúne su propia experiencia con las situaciones que surgen por casualidad, lo que le permite construir narraciones muy personales que lleva al papel mediante acuarelas muy fluidas, a veces acompañadas de lápices de color y *collage*. Para ella dibujar es disfrutar y vivir.

@antoniasantolaya
antonia-santolaya.webnode.es

Antonia Santolaya took a degree in fine art in Madrid before studying in London. On returning to Madrid, she devoted herself to painting, sculpture, and printmaking, before turning to illustration definitively in 2000—the year in which she won the Apel·les-Mestres Prize awarded by the Destino publishing house. Since then she has worked for various publishers, such as SM, Anaya, Destino, Santillana, and Aldeasa, among others. She has also worked in advertising and on books for adults. She currently also gives university classes and conducts illustration workshops.

Antonia Santolaya says that she draws to know herself better and understand the world. Her work does not involve any pre-planning: her drawings fuse her own experience with chance encounters, allowing her to build up highly personal narratives that she captures on paper in fluid watercolors, sometimes accompanied by pencil drawing and collage. She sees drawing as enjoying and living life.

ANTONIA SANTOLAYA

Diciembre *December* • 2024
MADRID

Abril *April* • 2025
WASHINGTON D. C.

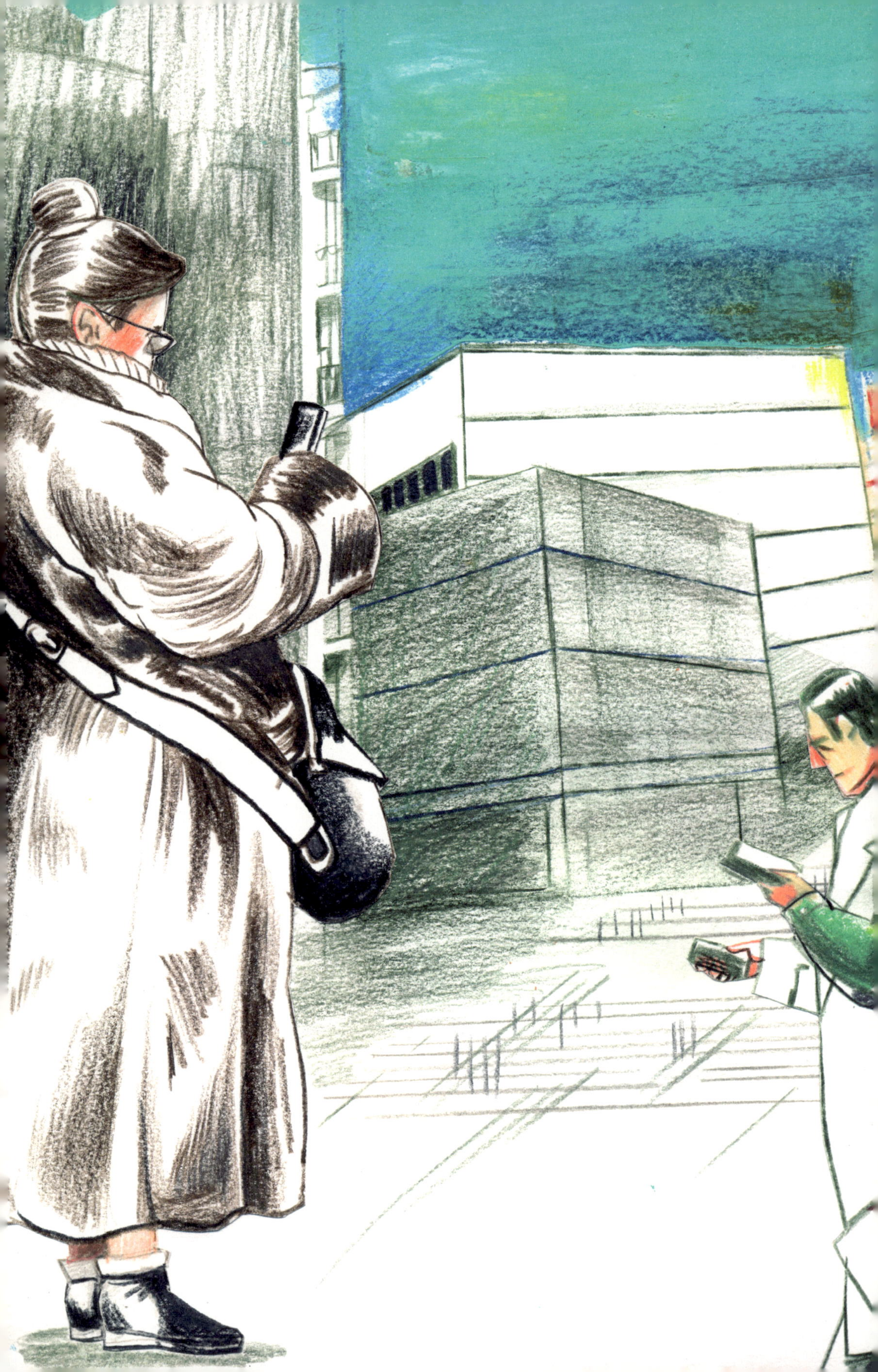

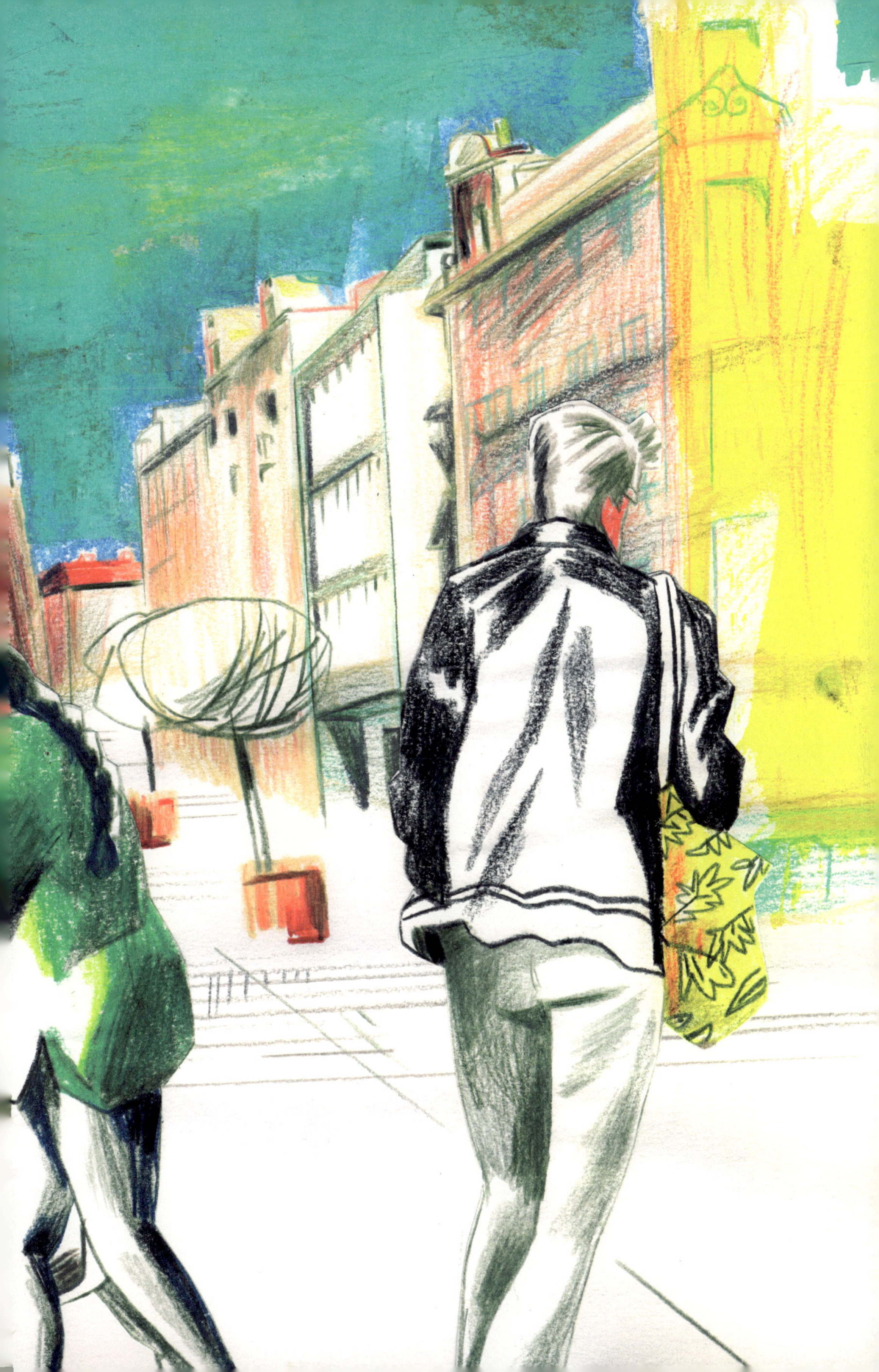

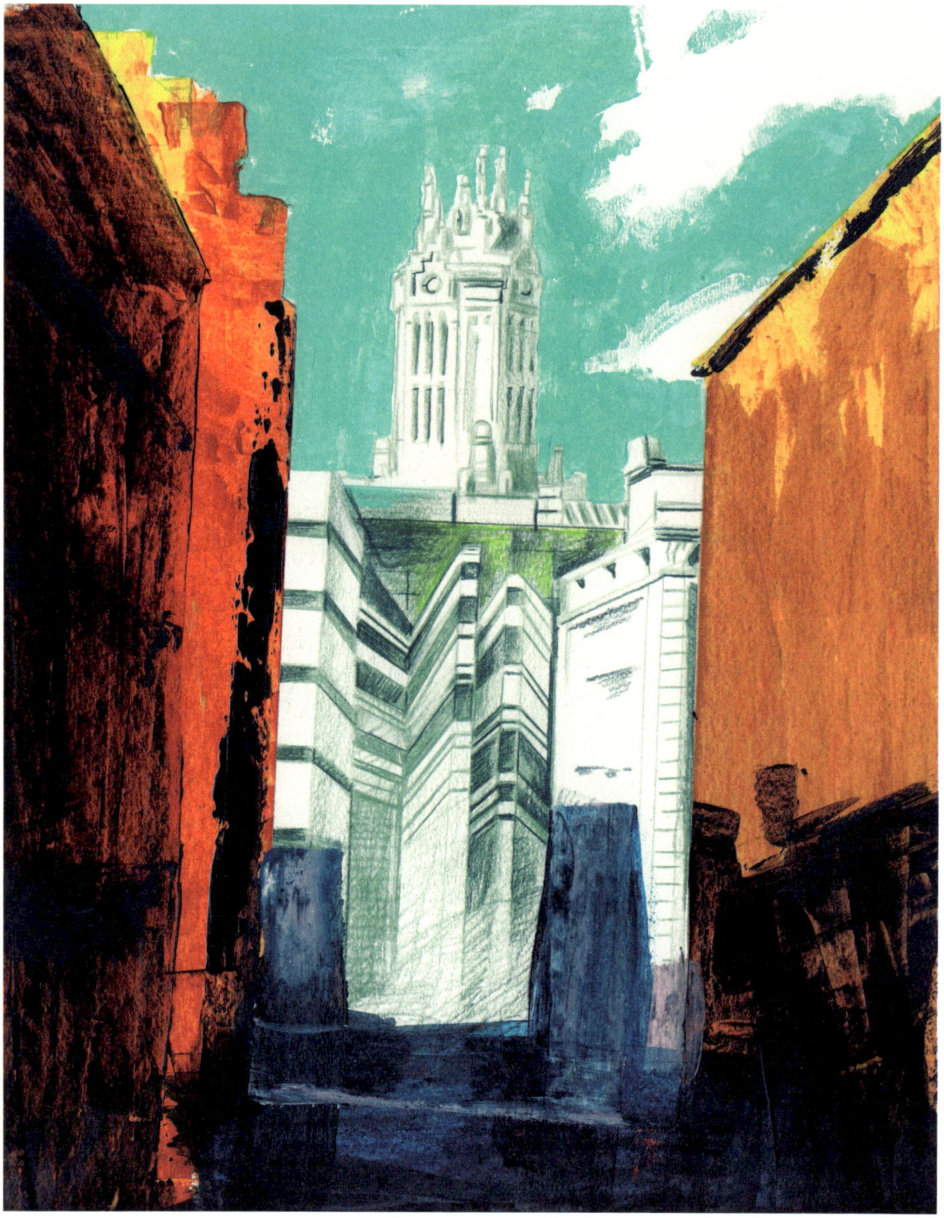

Cibeles desde el Retiro
Cibeles seen from El Retiro Park
Acrílico y lápices de colores sobre papel
Acrylic and colored pencils on paper
420 x 297 mm

◀ **Mercado Barceló** / *Barceló market*
Acrílico, *collage* y lápices de colores sobre papel
Acrylic, collage, and colored pencils on paper
297 x 420 mm

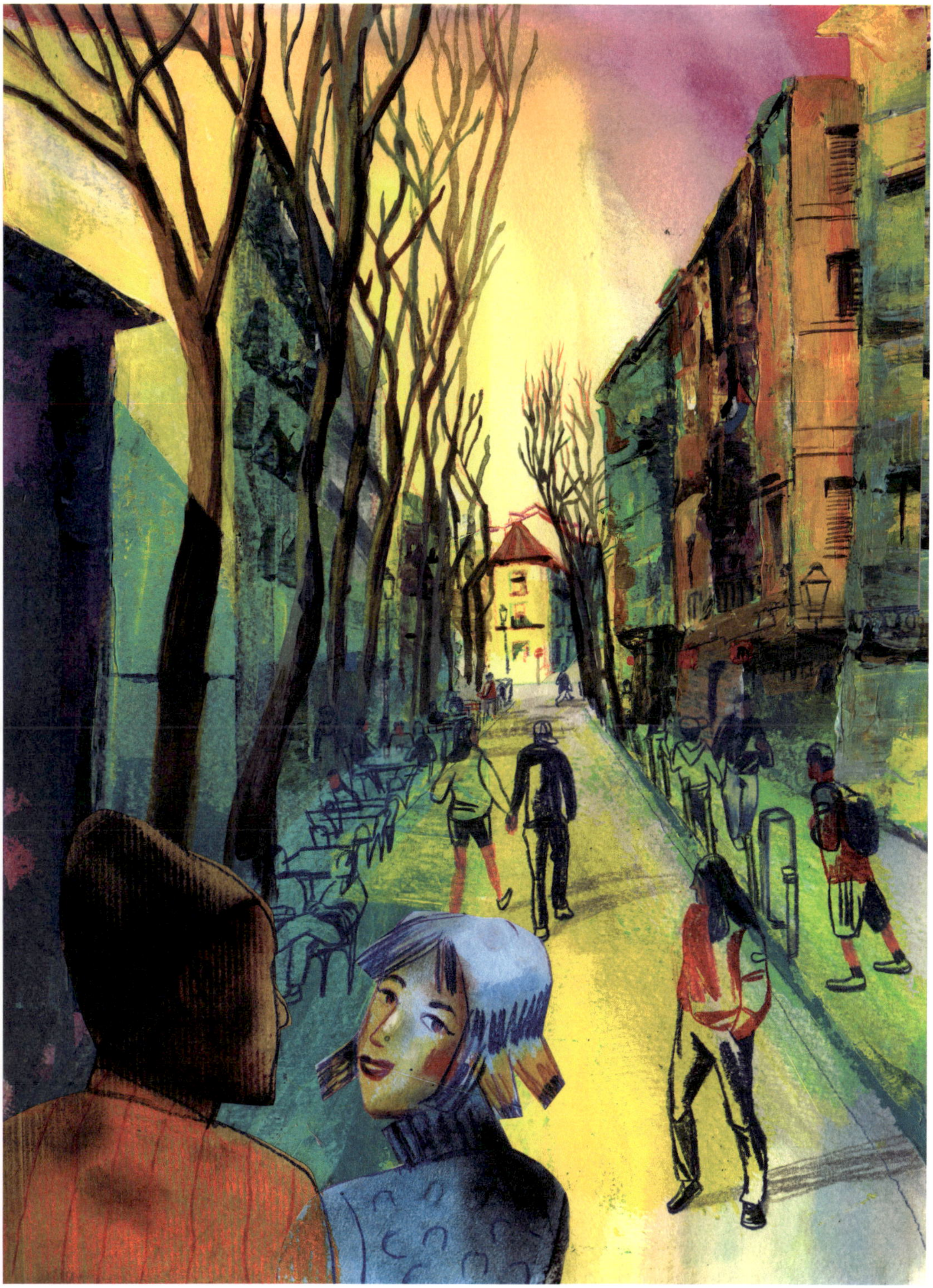

Invierno en la calle Lavapiés / *Winter on Lavapiés Street*
Acrílico, *collage* y lápices de colores sobre papel
Acrylic, collage, and colored pencils on paper
420 x 297 mm

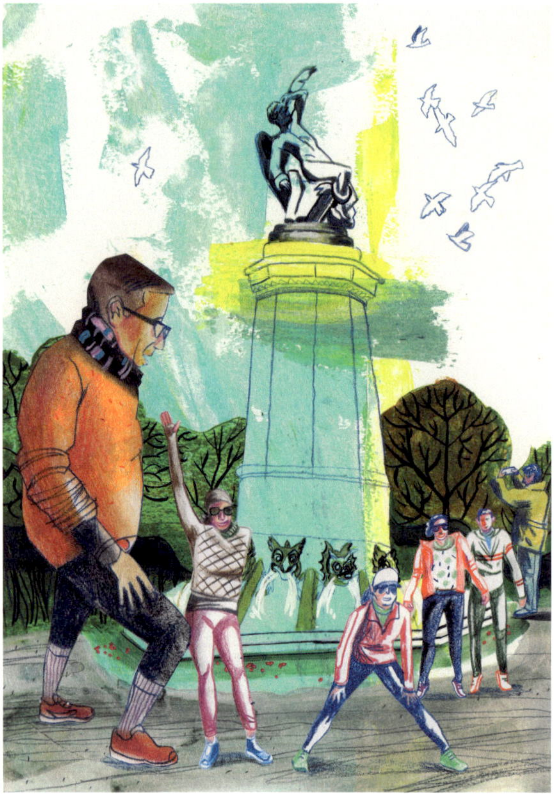

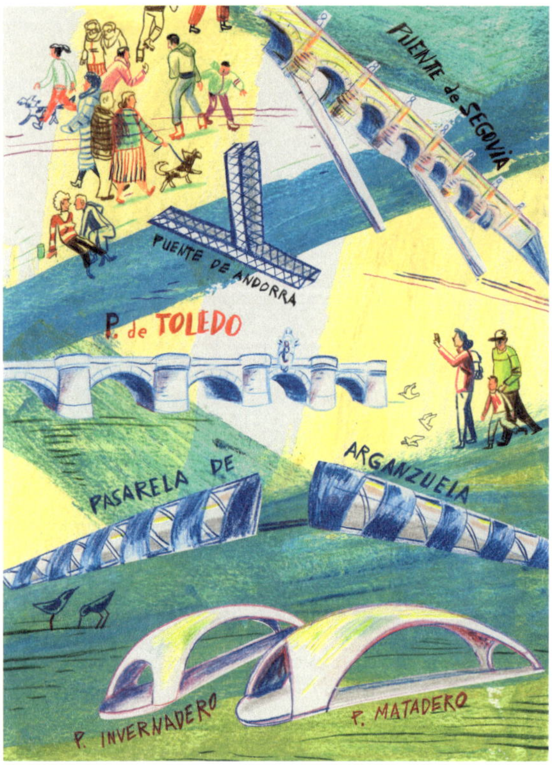

Ángel caído. Parque del Retiro
Fallen angel. El Retiro Park
Acrílico, *collage* y lápices de colores sobre papel
Acrylic, collage, and colored pencils on paper
420 x 297 mm

De puente a puente
From bridge to bridge
Acrílico, *collage* y lápices de colores sobre papel
Acrylic, collage, and colored pencils on paper
420 x 297 mm

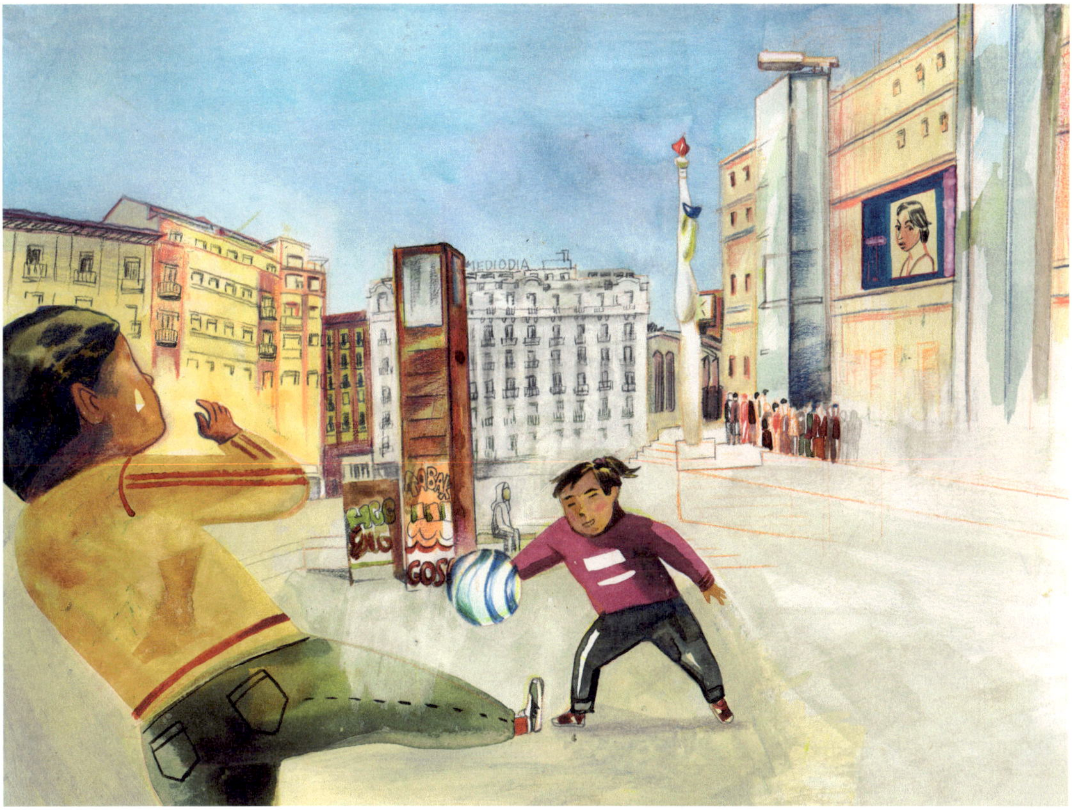

Salida del colegio. Museo Reina Sofía
School lets out. Museo Reina Sofía
Acrílico, *collage* y lápices de colores sobre papel
Acrylic, collage, and colored pencils on paper
297 x 420 mm

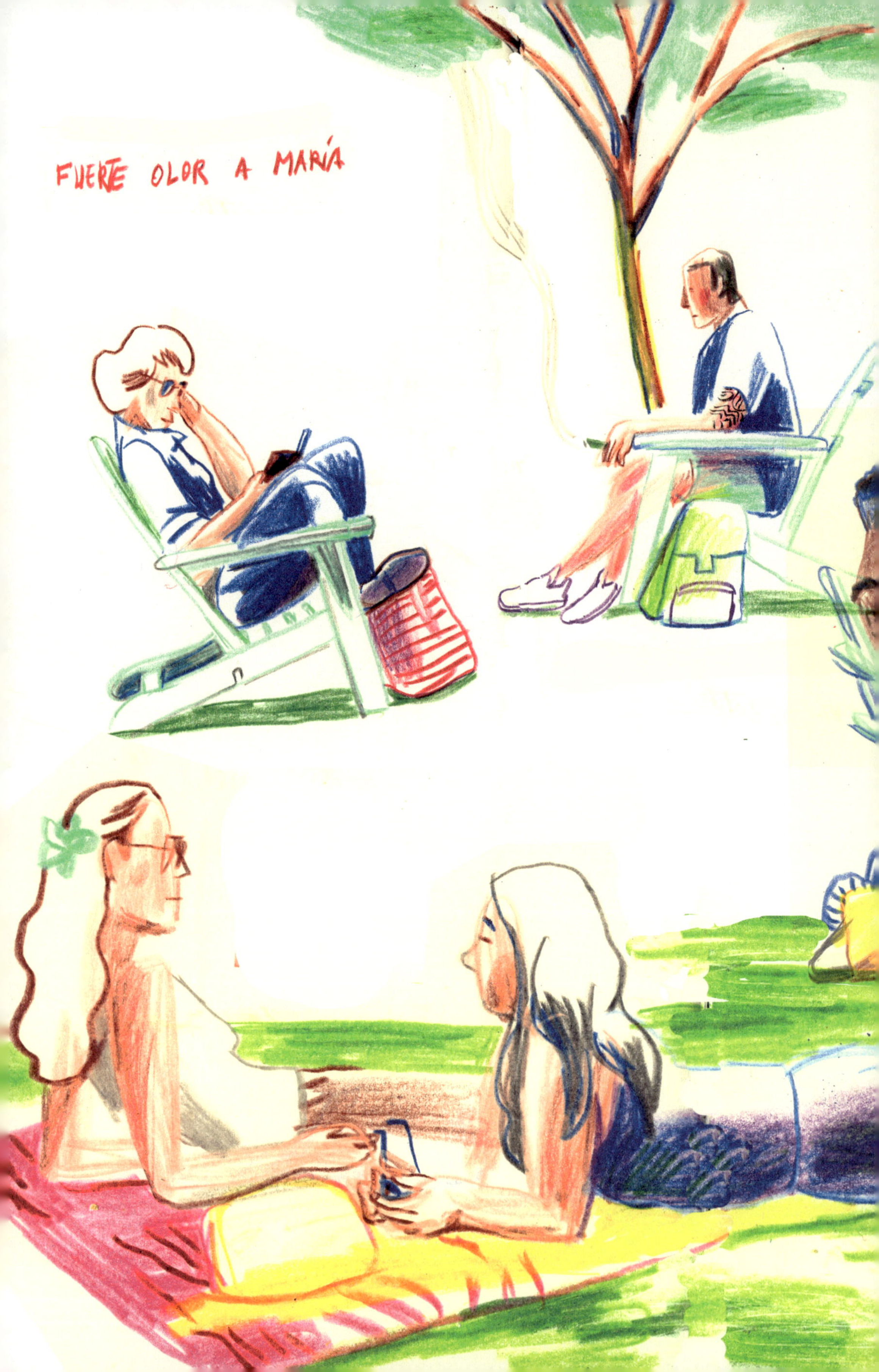
FUERTE OLOR A MARÍA

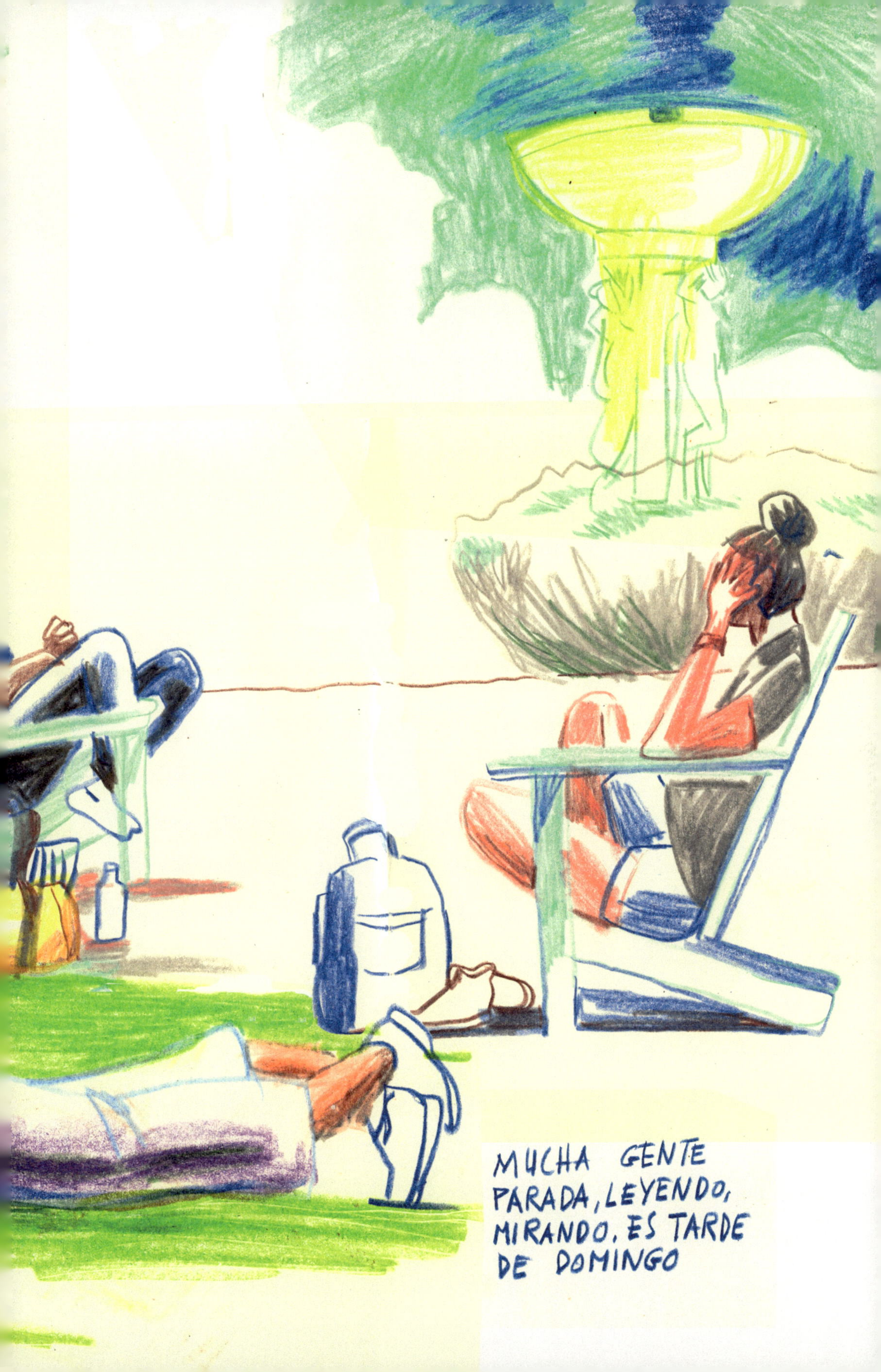
MUCHA GENTE
PARADA, LEYENDO,
MIRANDO. ES TARDE
DE DOMINGO

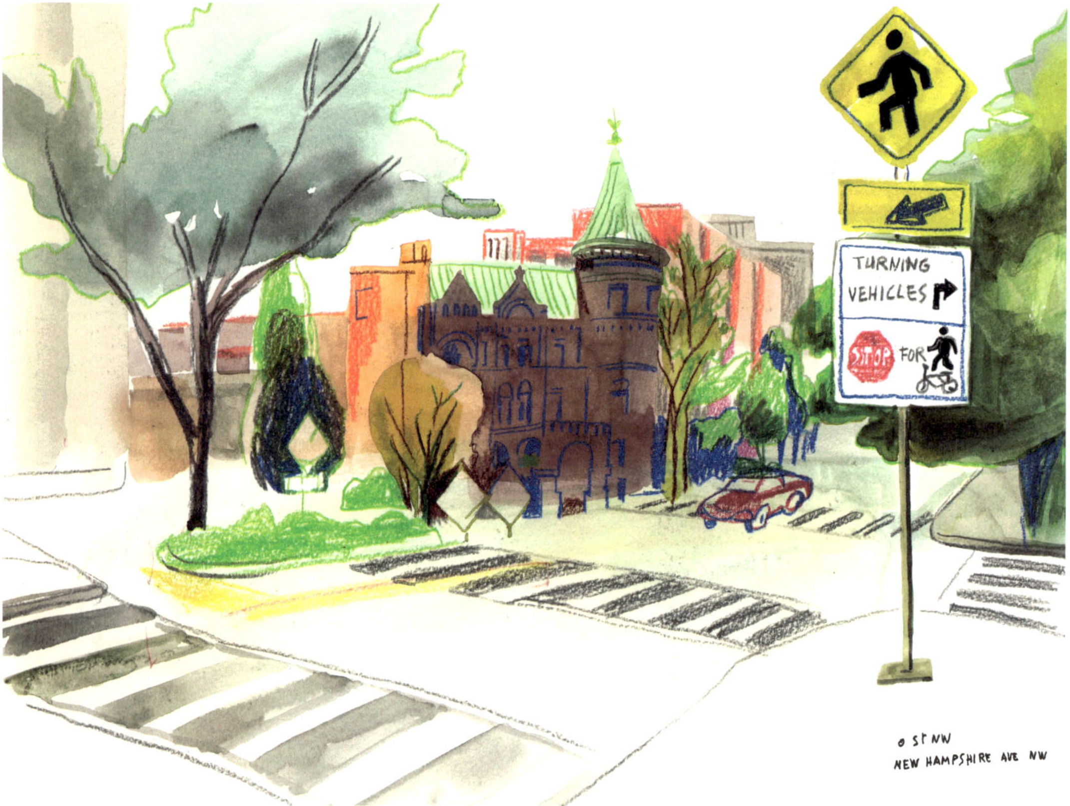

0 St. con New Hampshire Ave.
0 St. and New Hampshire Ave.
Acuarela sobre papel
Watercolor on paper
297 x 420 mm

◀ Tarde de domingo
Sunday afternoon
Lápiz a color sobre papel
Colored pencil on paper
297 x 420 mm

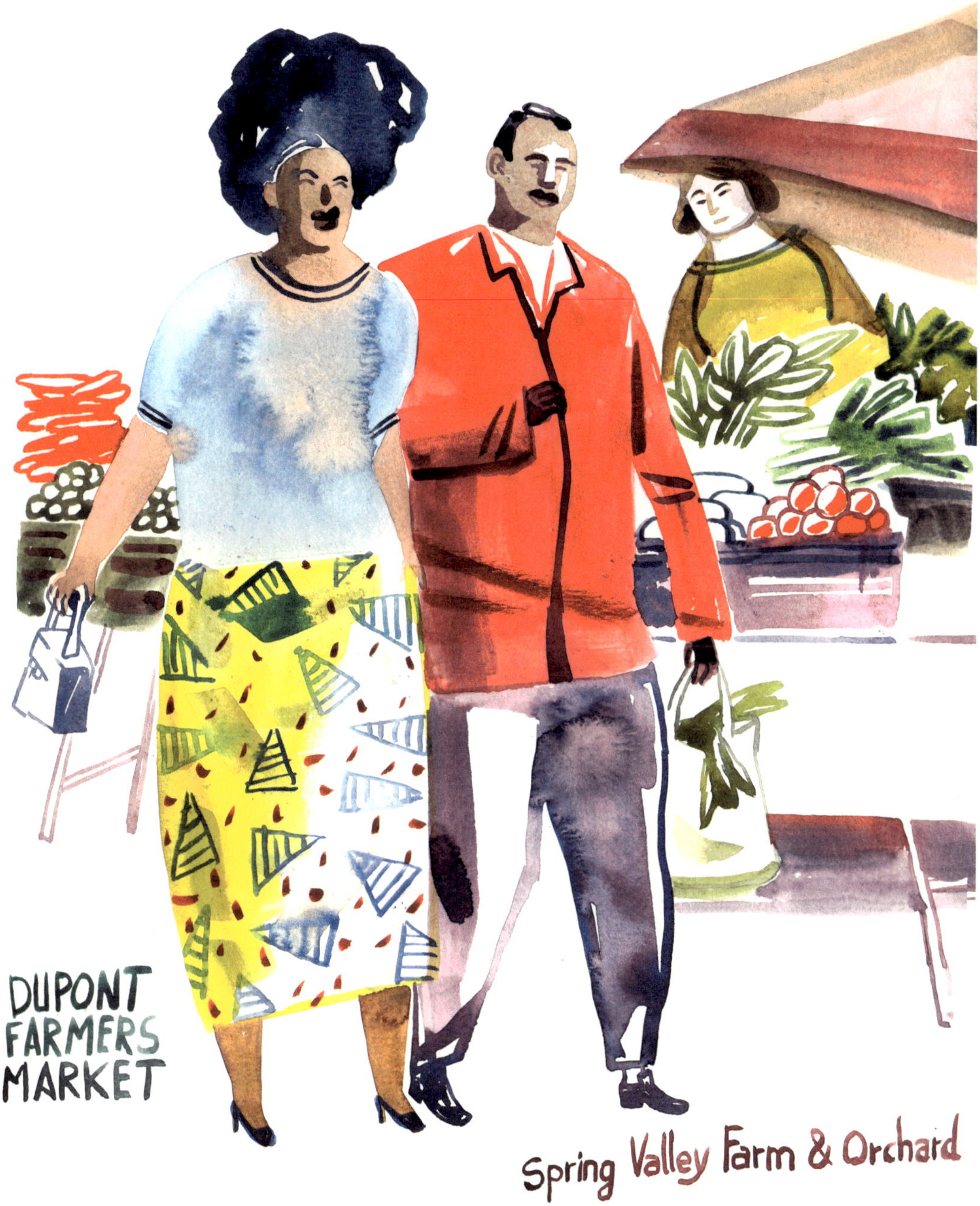

Mercado de productores
Farmers' Market
Acuarela sobre papel
Watercolor on paper
420 x 297 mm

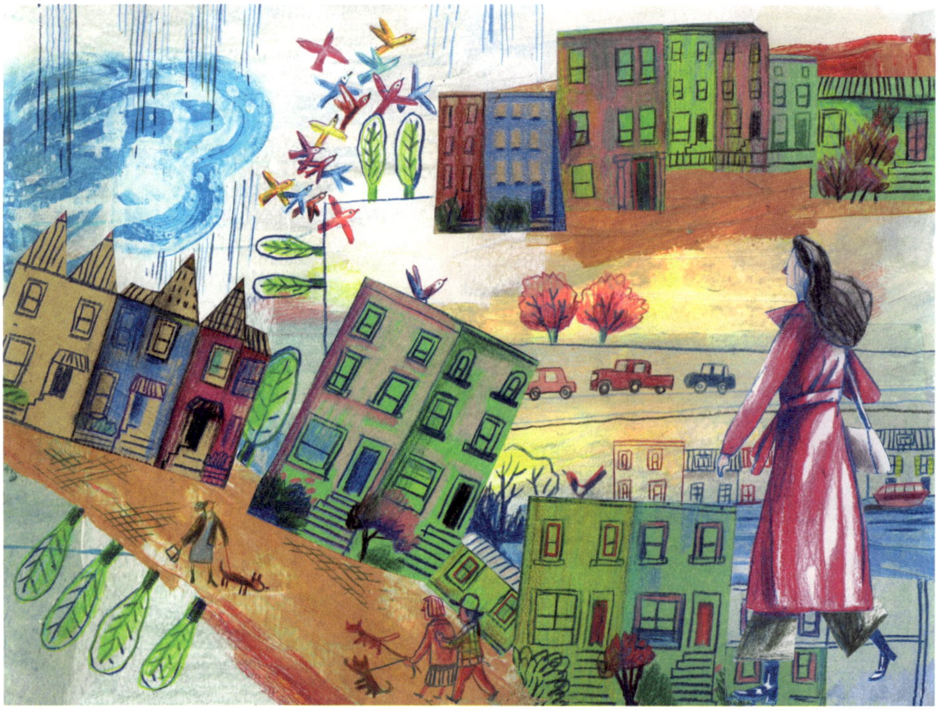

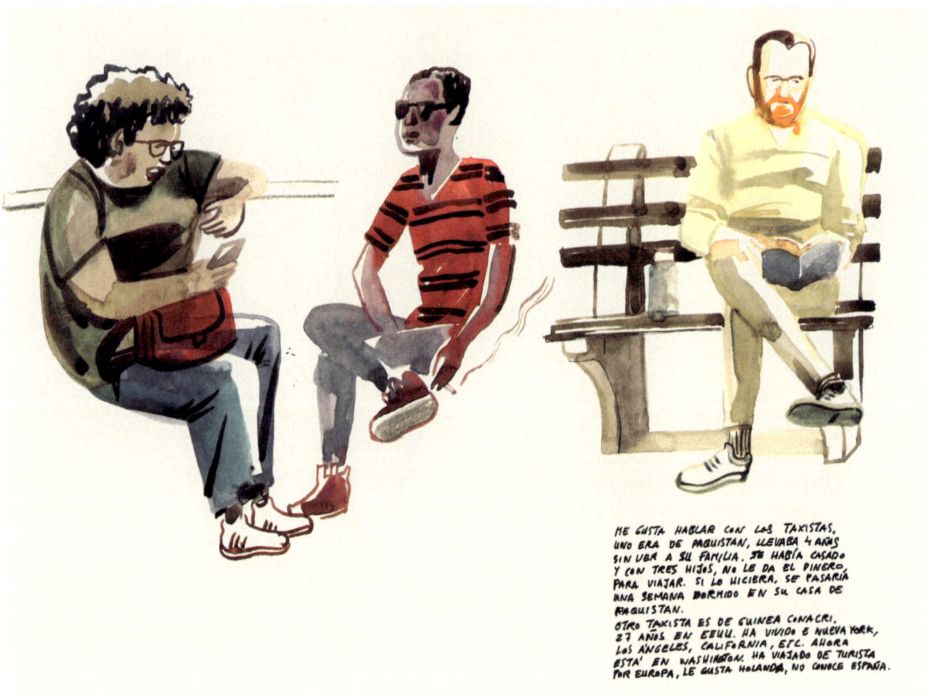
ME GUSTA HABLAR CON LOS TAXISTAS.
UNO ERA DE PAQUISTAN, LLEVABA 4 AÑOS
SIN VER A SU FAMILIA. SE HABÍA CASADO
Y CON TRES HIJOS, NO LE DA EL DINERO,
PARA VIAJAR. SI LO HICIERA, SE PASARÍA
UNA SEMANA DORMIDO EN SU CASA DE
PAQUISTAN.
OTRO TAXISTA ES DE GUINEA CONACRI,
27 AÑOS EN EEUU. HA VIVIDO E NUEVA YORK,
LOS ÁNGELES, CALIFORNIA, ETC. AHORA
ESTÁ EN WASHINGTON. HA VIAJADO DE TURISTA
POR EUROPA, LE GUSTA HOLANDA, NO CONOCE ESPAÑA.

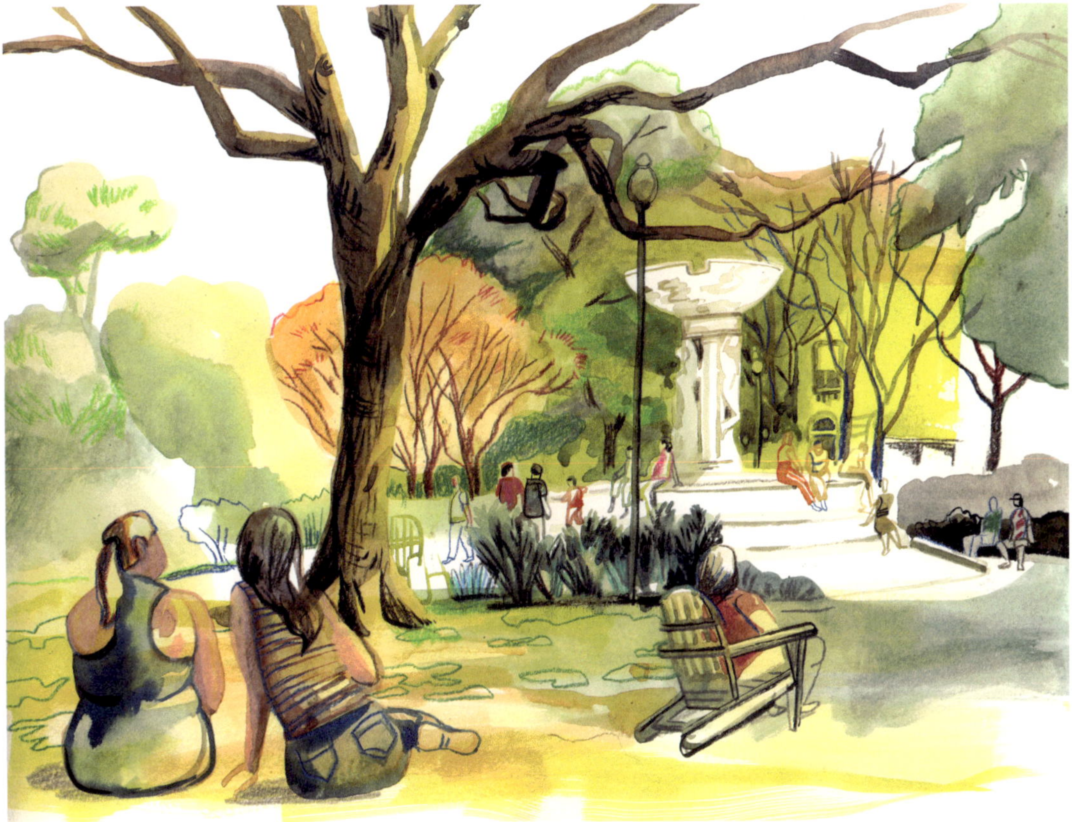

Dupont Circle
Acuarela sobre papel
Watercolor on paper
297 x 420 mm

Paseo por Georgetown
Walk through Georgetown
Técnica mixta con *collage* sobre papel
Mixed media with collage on paper
297 x 420 mm

Reposo / *Resting*
Acuarela sobre papel
Watercolor on paper
297 x 420 mm

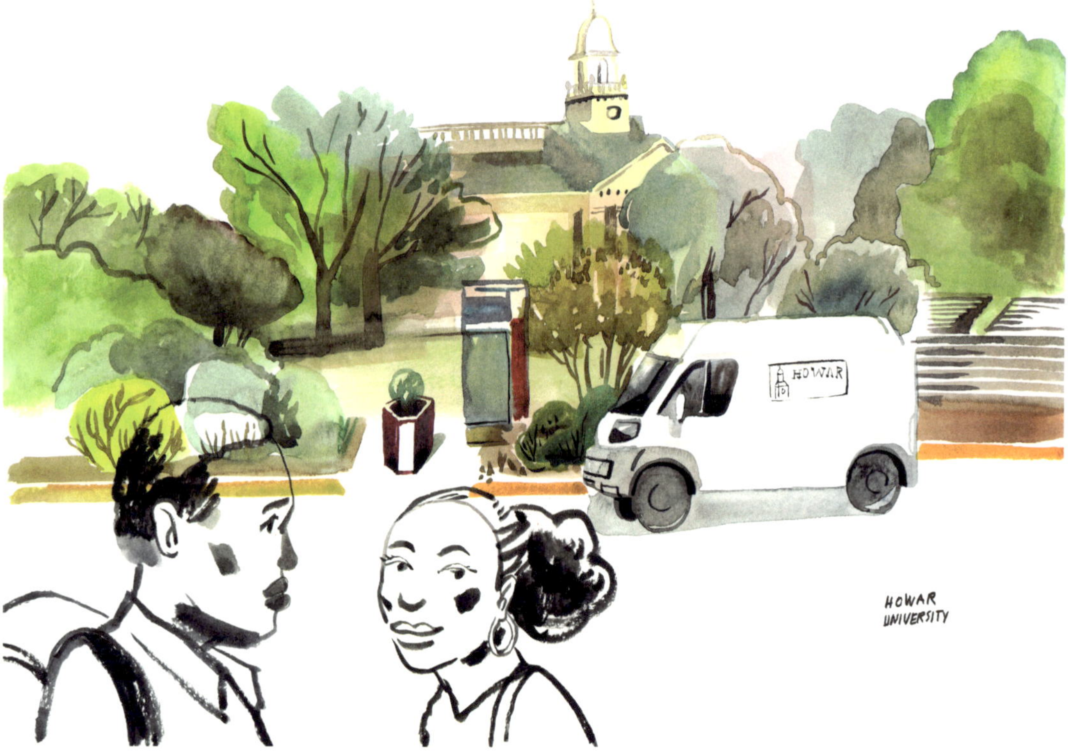

Howard University
Acuarela sobre papel
Watercolor on paper
297 x 420 mm

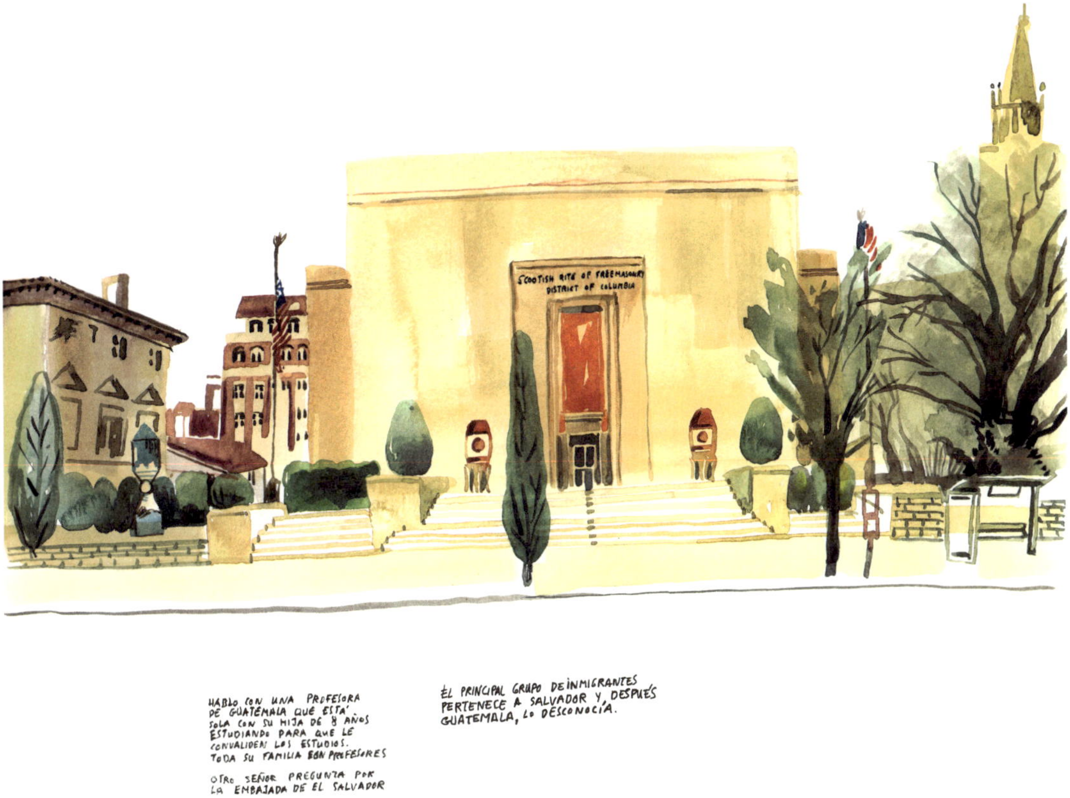

Logia masónica en la 16
Masonic lodge on 16th
Acuarela sobre papel
Watercolor on paper
297 x 420 mm

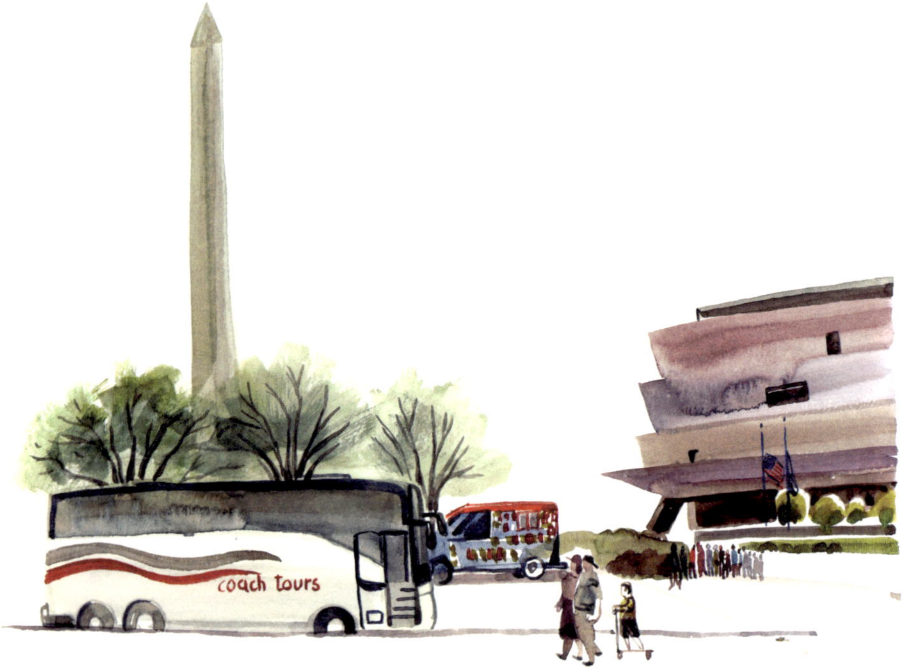

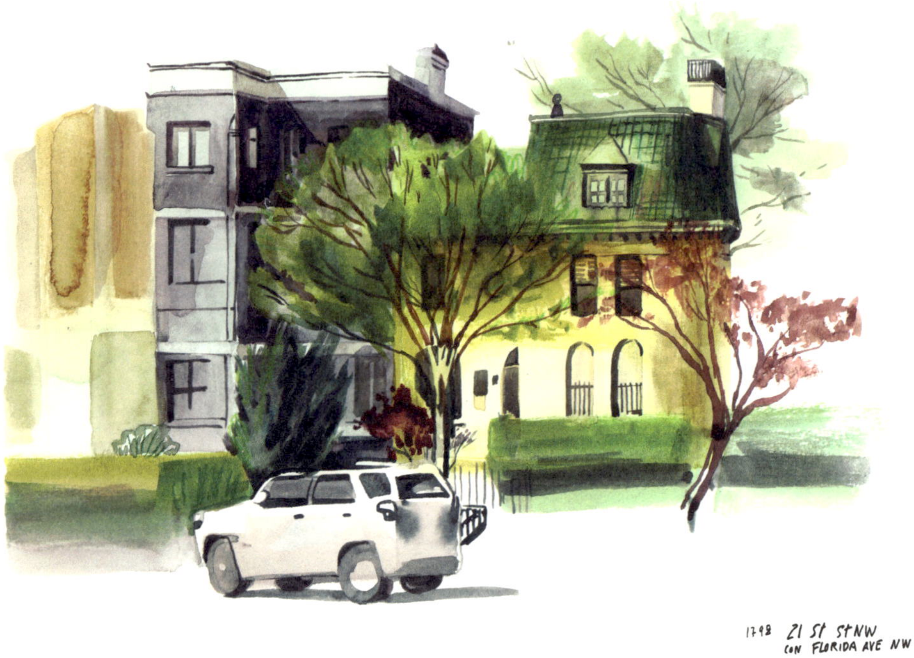

Museo Afroamericano / *African American Museum*
Acuarela sobre papel / *Watercolor on paper*
297 x 420 mm

21 St. NW con Florida Ave. / *21 St. NW and Florida Ave.*
Acuarela sobre papel / *Watercolor on paper*
297 x 420 mm

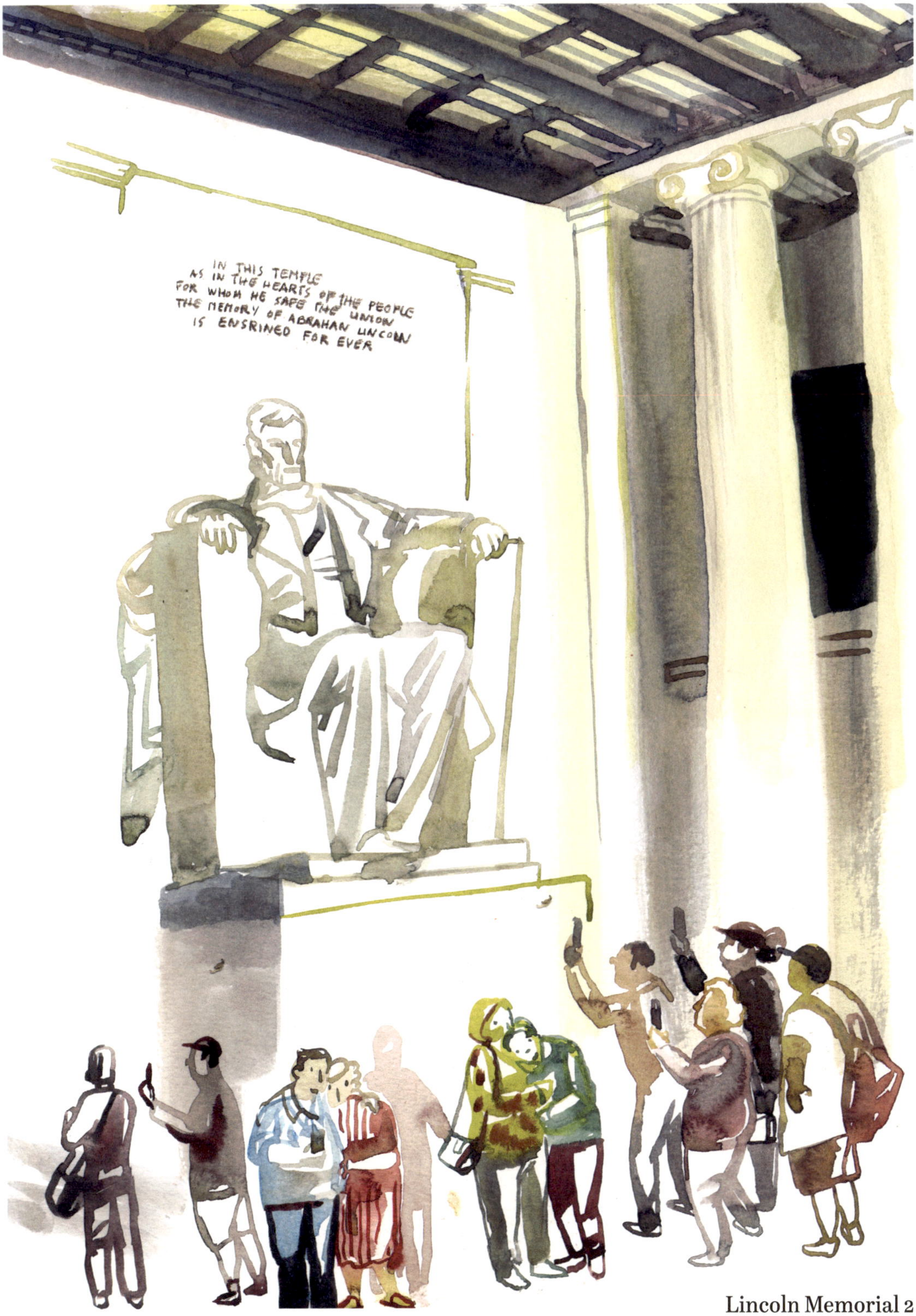

Lincoln Memorial 2
Acuarela sobre papel
Watercolor on paper
420 x 297 mm

Curro Suárez nació en Barcelona en 1973, aunque ha vivido y trabajado casi toda su vida en Madrid. Es licenciado en Publicidad por la Universidad Complutense de Madrid y, desde 1997, compagina labores en los ámbitos del diseño gráfico, la ilustración y la publicidad. Como ilustrador ha trabajado para las editoriales Random House Mondadori y Planeta, así como para firmas como Coca-Cola, Amazon o Vodafone. También ha hecho incursiones en el interiorismo, la ilustración infantil y la televisión. Sus obras han formado parte de exposiciones tanto individuales como colectivas.

Su trabajo se inspira en la arquitectura y la naturaleza, y está salpicado de referencias estéticas a los años cincuenta, sesenta y setenta del siglo XX. Realiza sus obras principalmente a partir de apuntes y fotografías que luego reinterpreta con un estilo colorista, combinando técnicas tradicionales —tinta, *gouache* o rotuladores— con recursos digitales.

Curro Suárez was born in Barcelona in 1973 but has lived and worked for almost his entire life in Madrid. He has a degree in advertising from the Complutense University in Madrid, and since 1997 he has divided his professional life between the fields of graphic design, illustration, and advertising. He has worked as an illustrator for publishers such as Random House Mondadori and Planeta and for brands such as Coca-Cola, Amazon, and Vodafone. He has also ventured into interior design, children's illustration, and television. His work has been displayed in both group and solo exhibitions.

He draws inspiration from architecture and nature, incorporating esthetic references from the 1950s, 1960s, and 1970s. His work is mainly based on sketches and photos that he subsequently reinterprets in a colorist style, using a mixture of digital and traditional techniques (pen and ink, gouache, markers).

@currosuarezilustra

CURRO SUÁREZ

Diciembre *December* • 2024
MADRID

Noviembre *November* • 2024
WASHINGTON D. C.

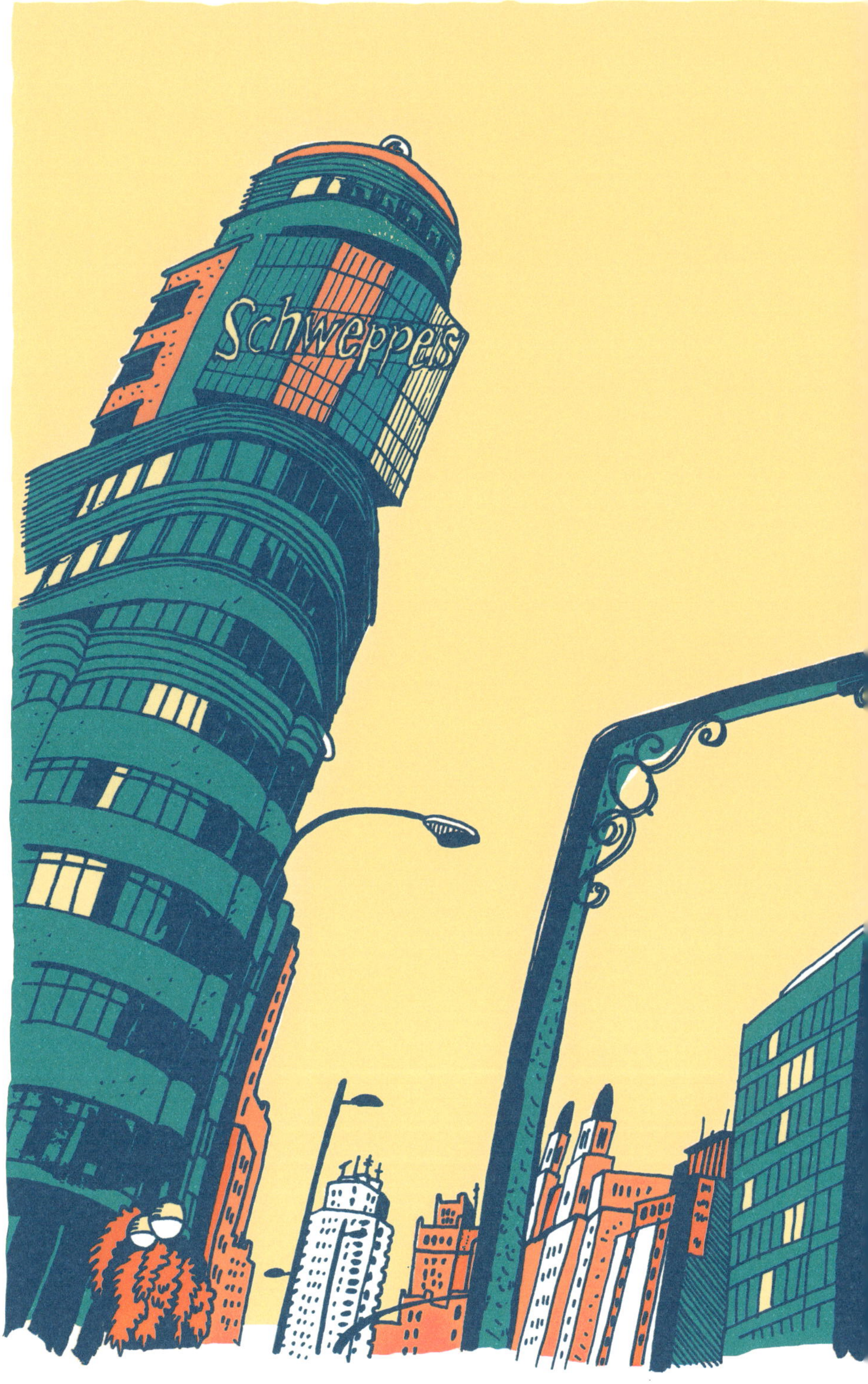
Schweppes

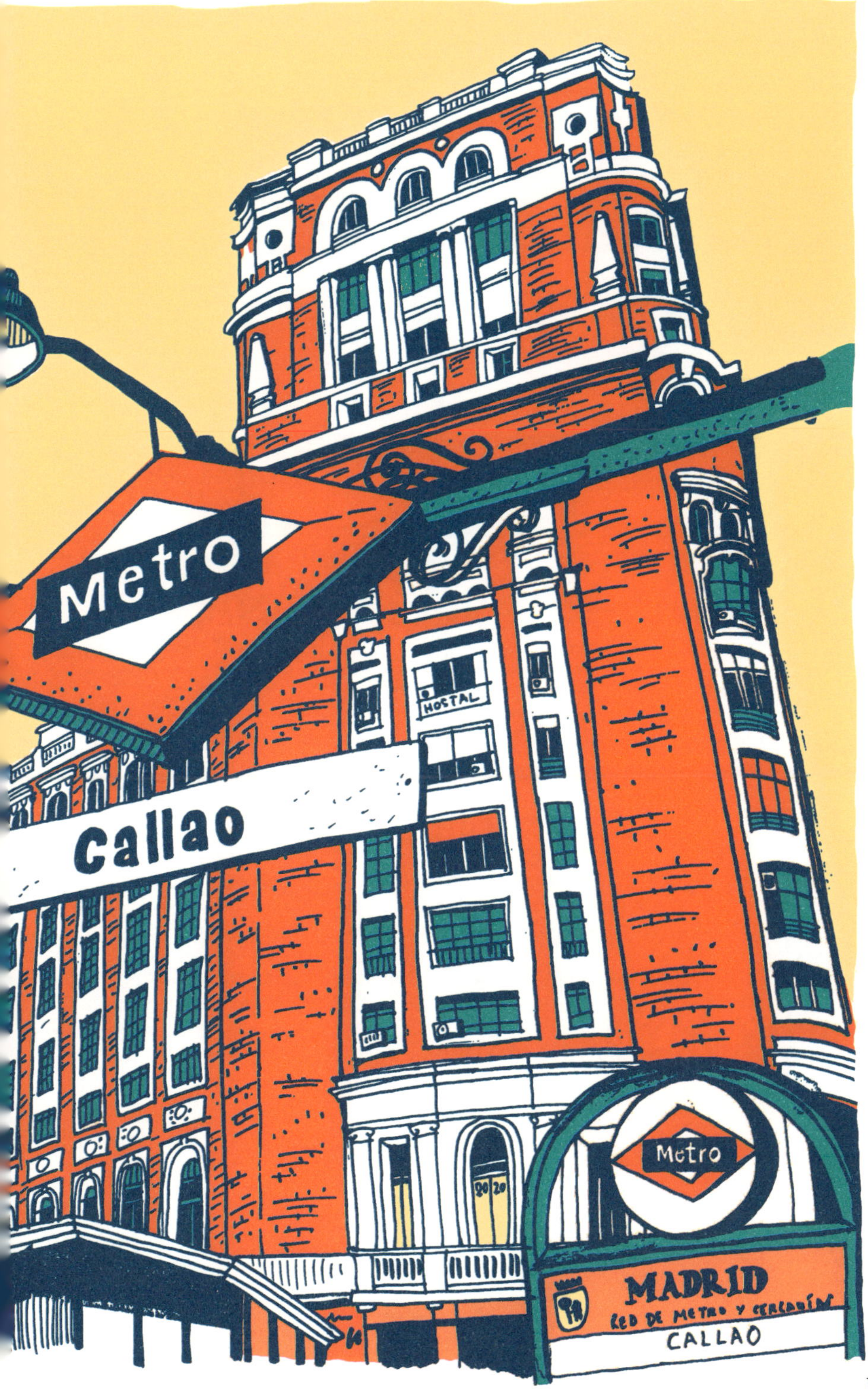

Metro Callao
Callao metro station
Impresión *giclée* sobre papel
Giclée print on paper
300 x 400 mm

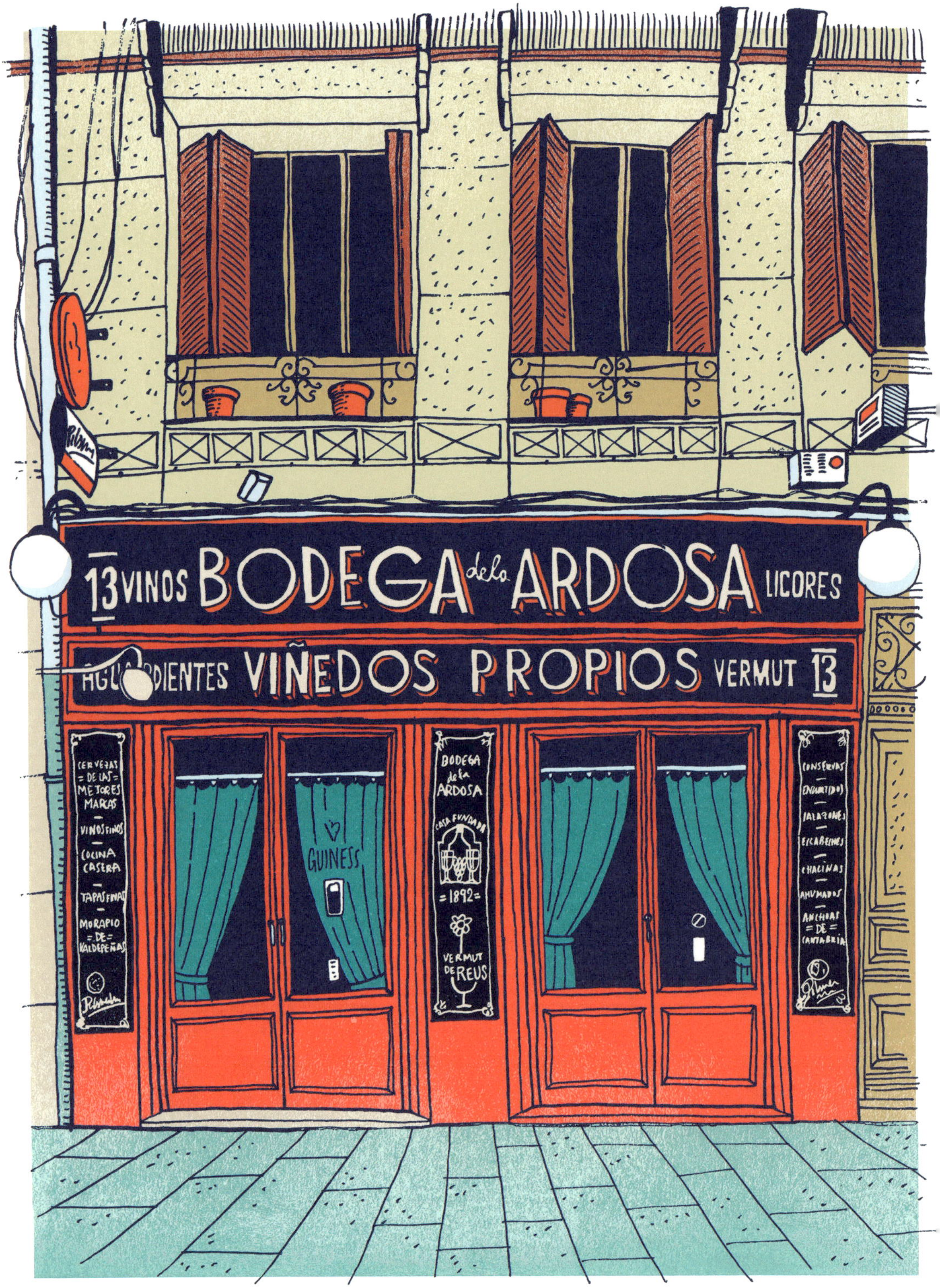

Bodega La Ardosa
Impresión *giclée* sobre papel
Giclée print on paper
400 x 300 mm

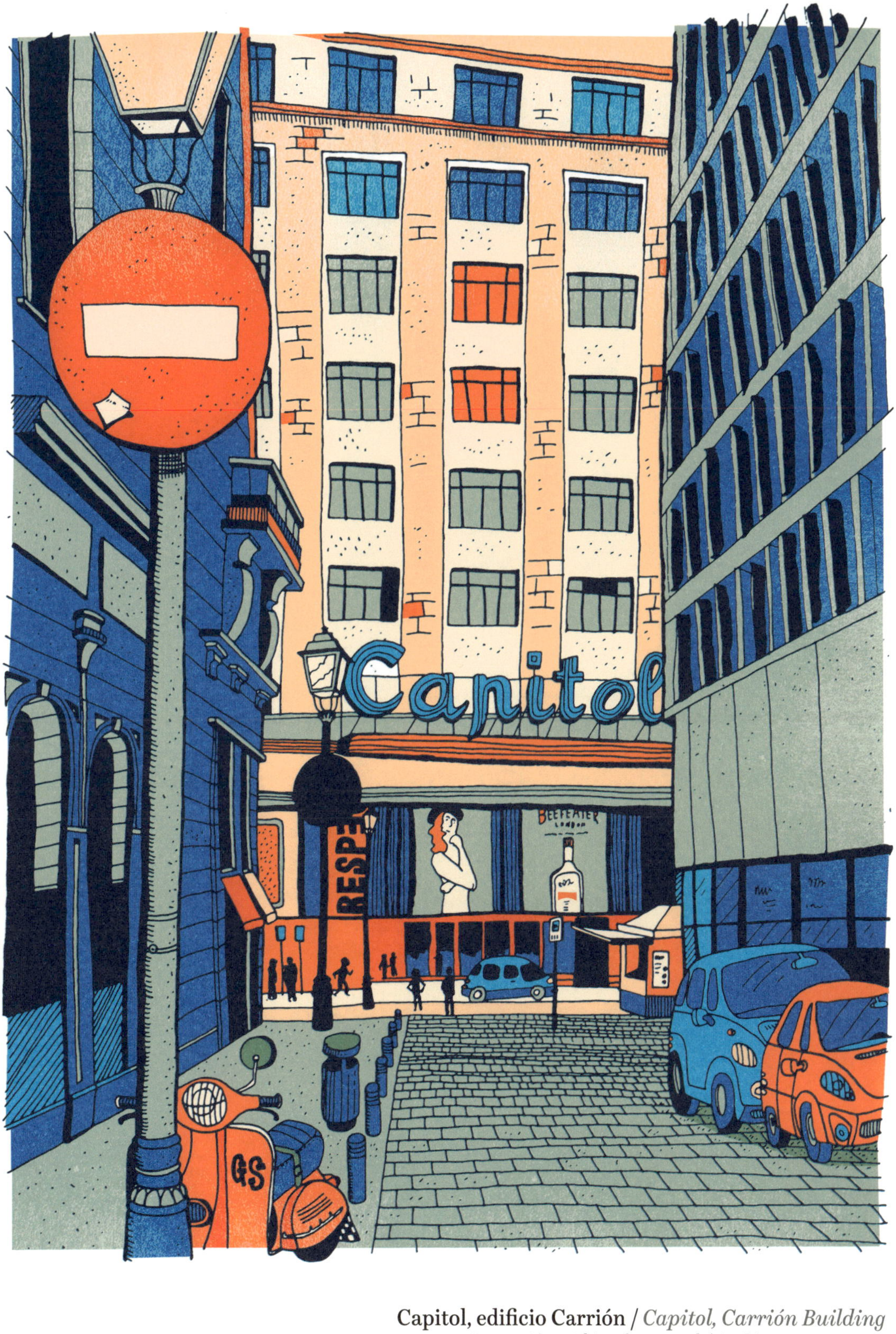

Capitol, edificio Carrión / *Capitol, Carrión Building*
Impresión *giclée* sobre papel / *Giclée print on paper*
400 x 300 mm

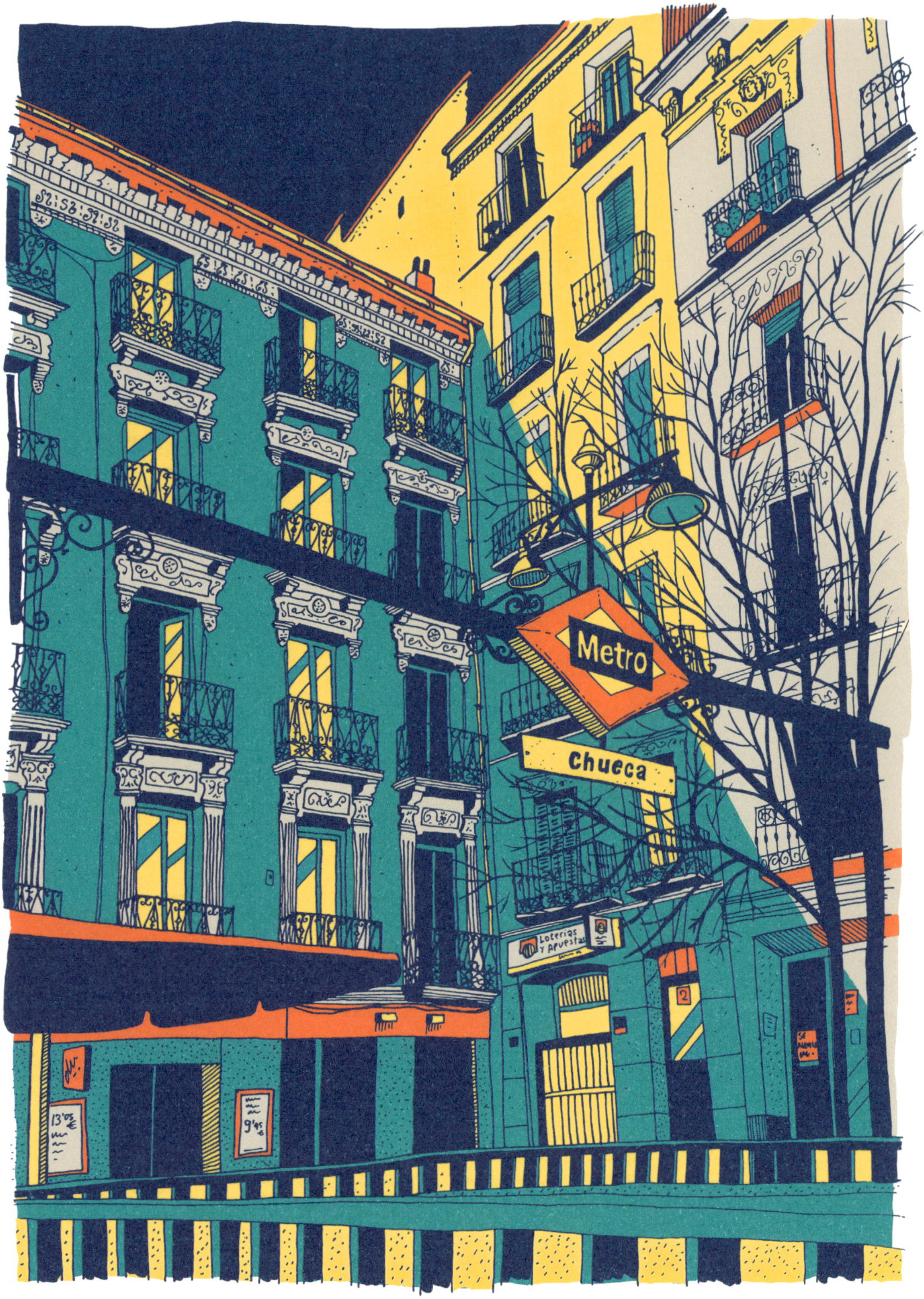

Metro Chueca / *Chueca metro station*
Impresión *giclée* sobre papel
Giclée print on paper
400 x 300 mm

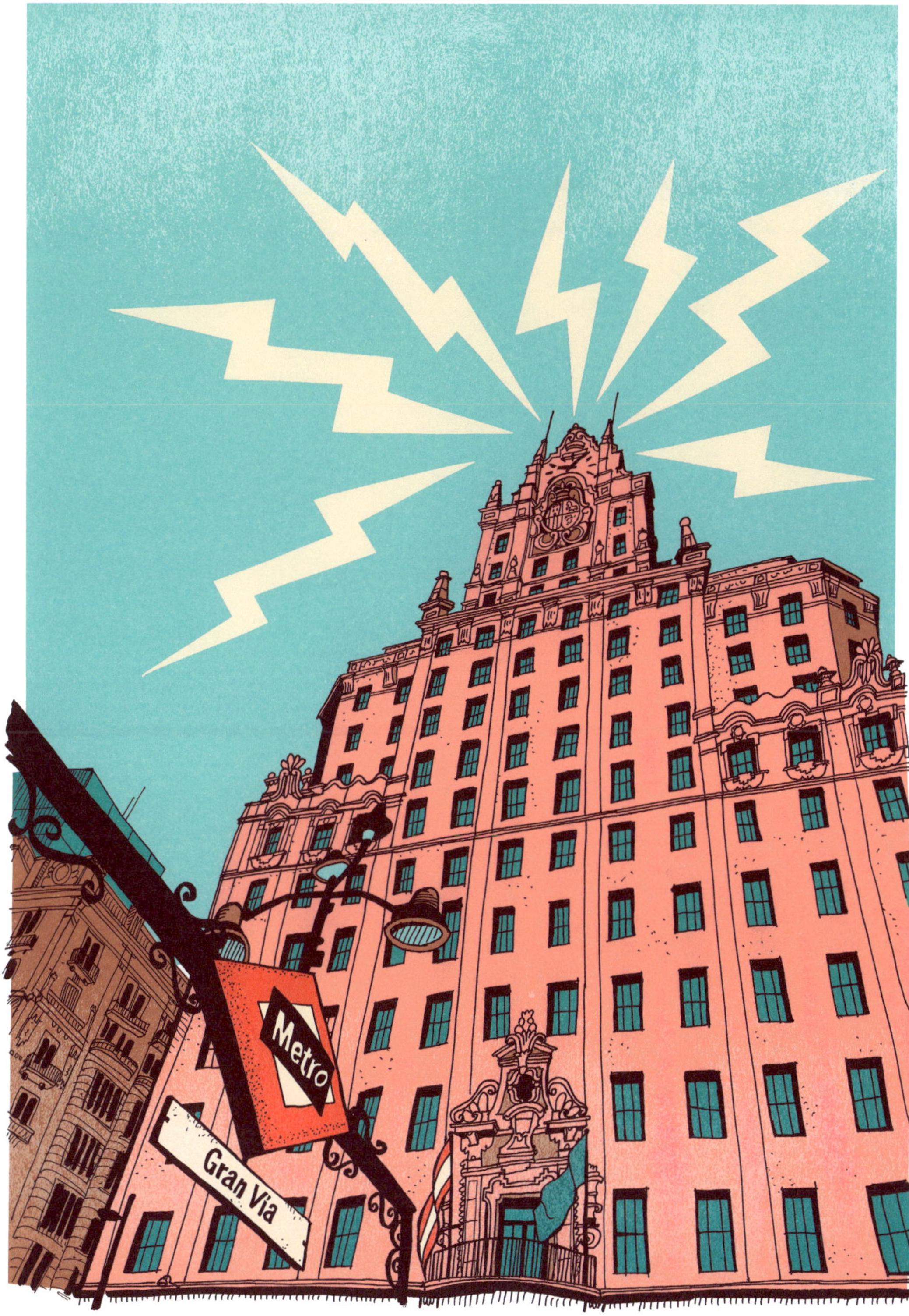

Edificio Telefónica / *Telefónica Building*
Impresión giclée sobre papel
Giclée print on paper
400 x 300 mm

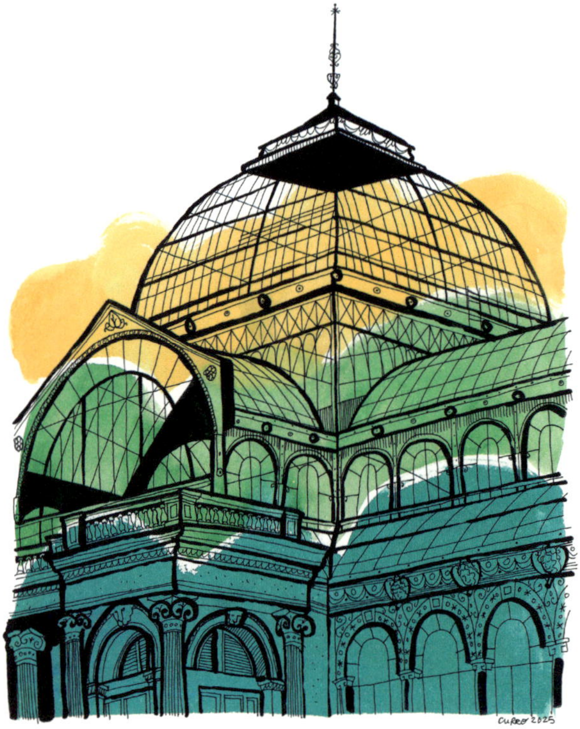

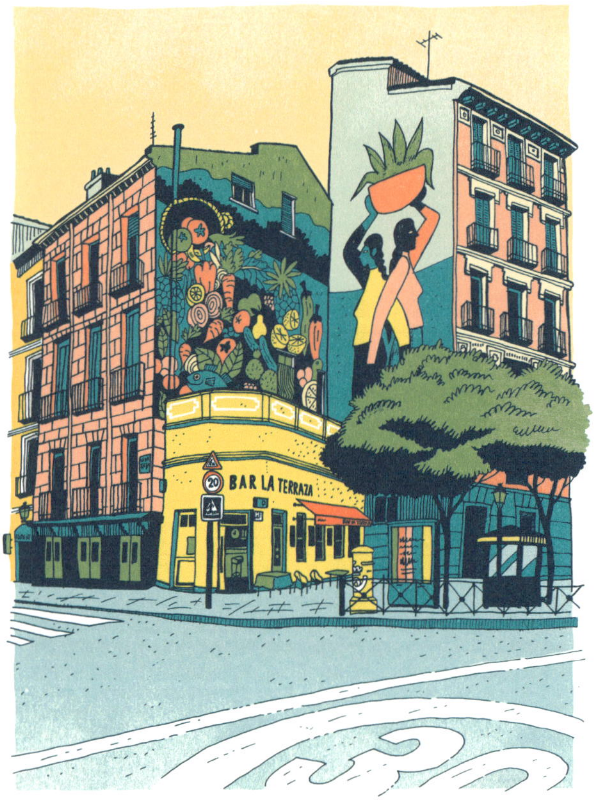

Palacio de Cristal, Parque del Retiro
Crystal Palace, El Retiro Park
Gouache, tinta y rotuladores sobre papel
Gouache, ink, and markers on paper
400 x 300 mm

Plaza de Puerta Cerrada
Impresión *giclée* sobre papel
Giclée print on paper
400 x 300 mm

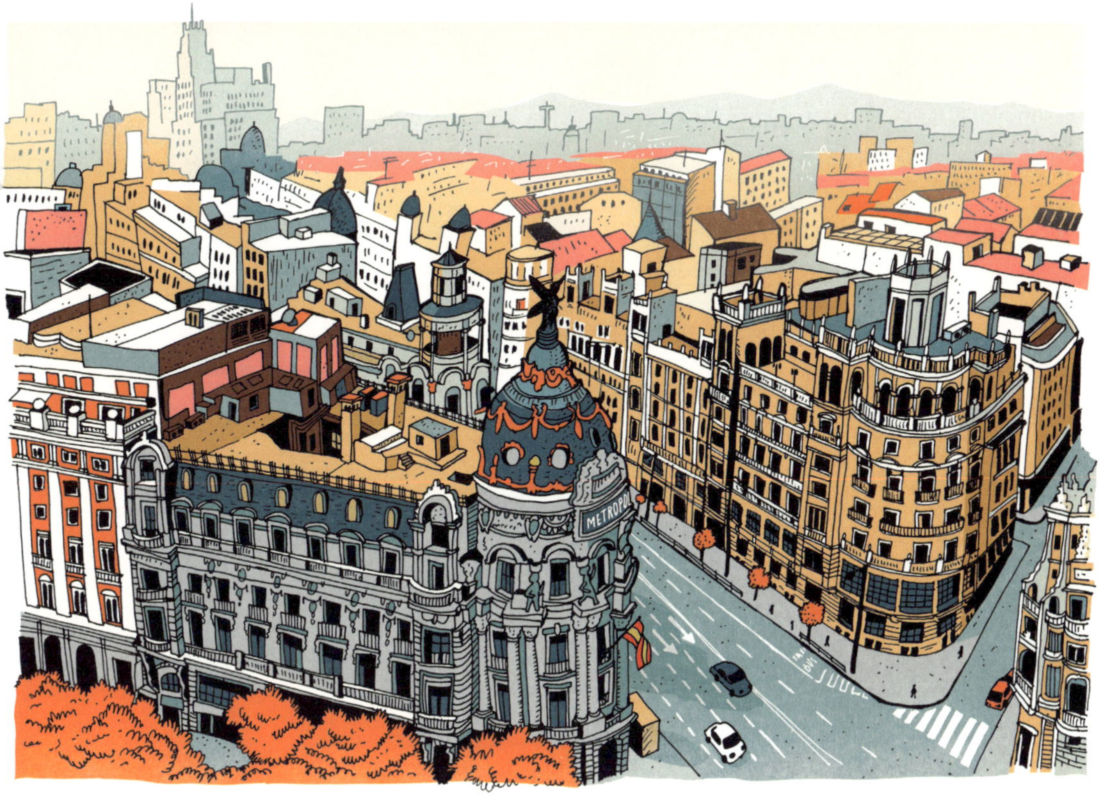

Gran Vía y calle Alcalá
Gran Vía and Calle Alcalá
Impresión *giclée* sobre papel
Giclée print on paper
300 x 400 mm

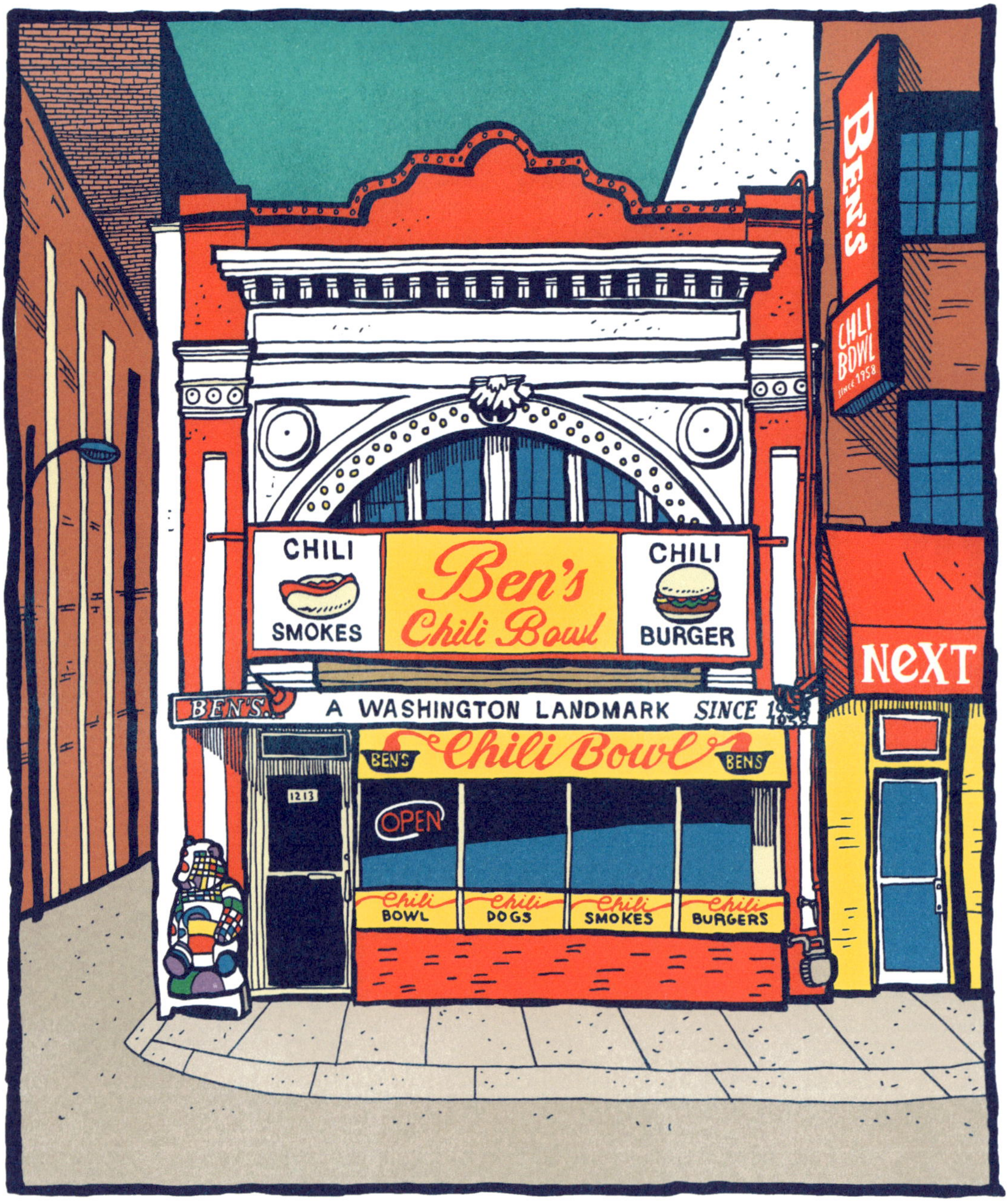

Ben´s Chili Bowl
Impresión giclée sobre papel
Giclée print on paper
420 x 297 mm

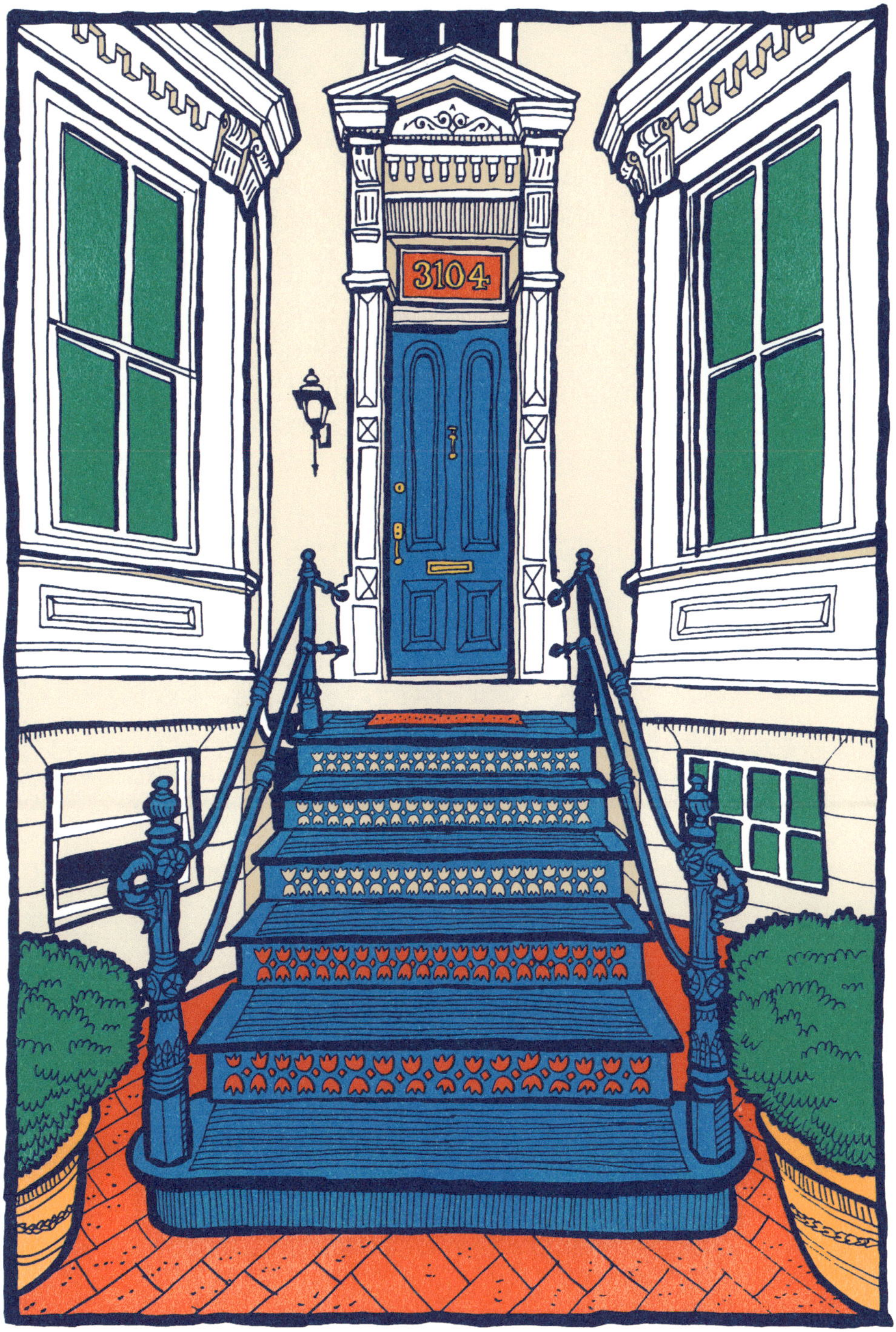

Georgetown, 1875
Impresión *giclée* sobre papel
Giclée print on paper
420 x 297 mm

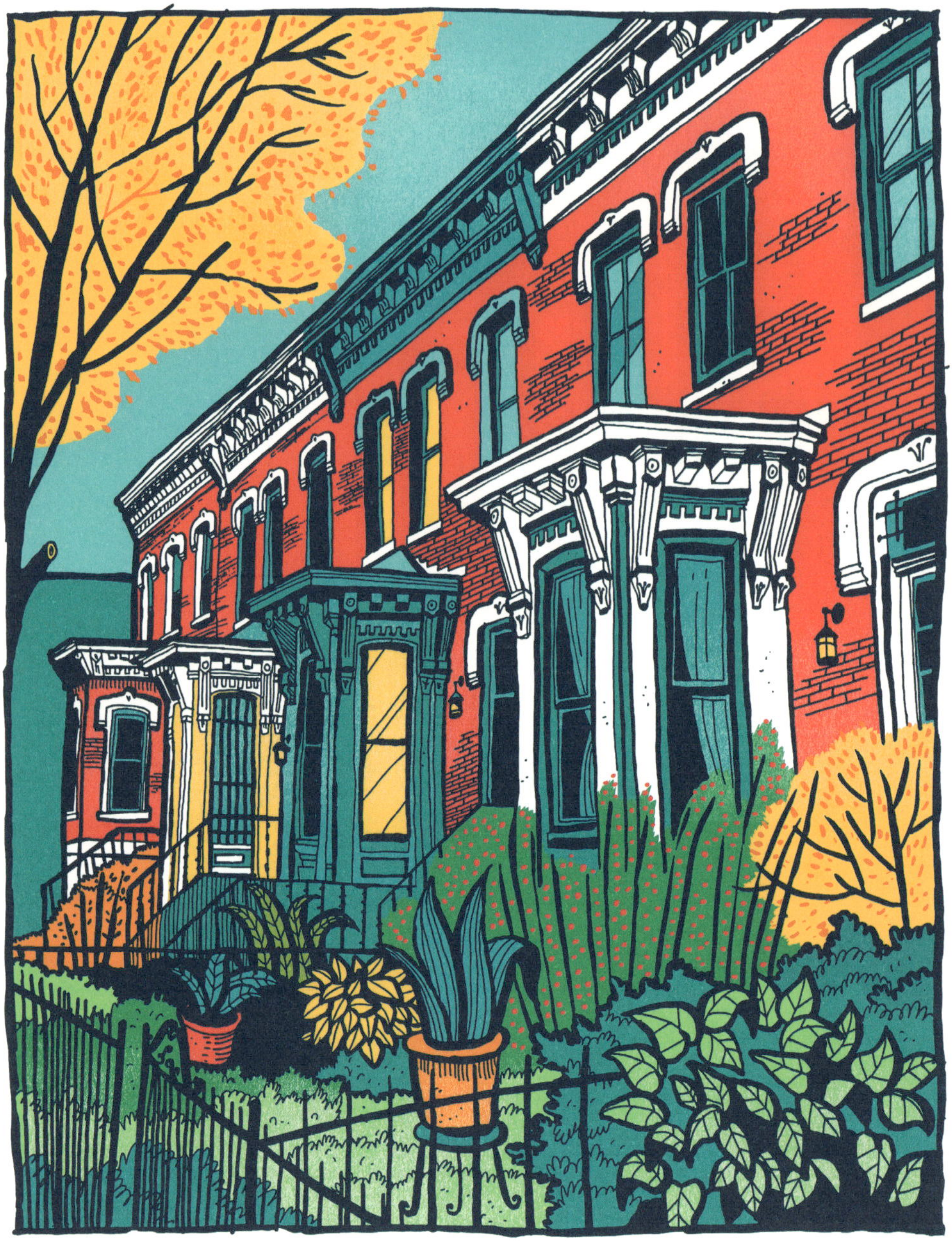

Hileras de casas en Capitol Hill
Capitol Hill row houses
Impresión *giclée* sobre papel
Giclée print on paper
420 x 297 mm

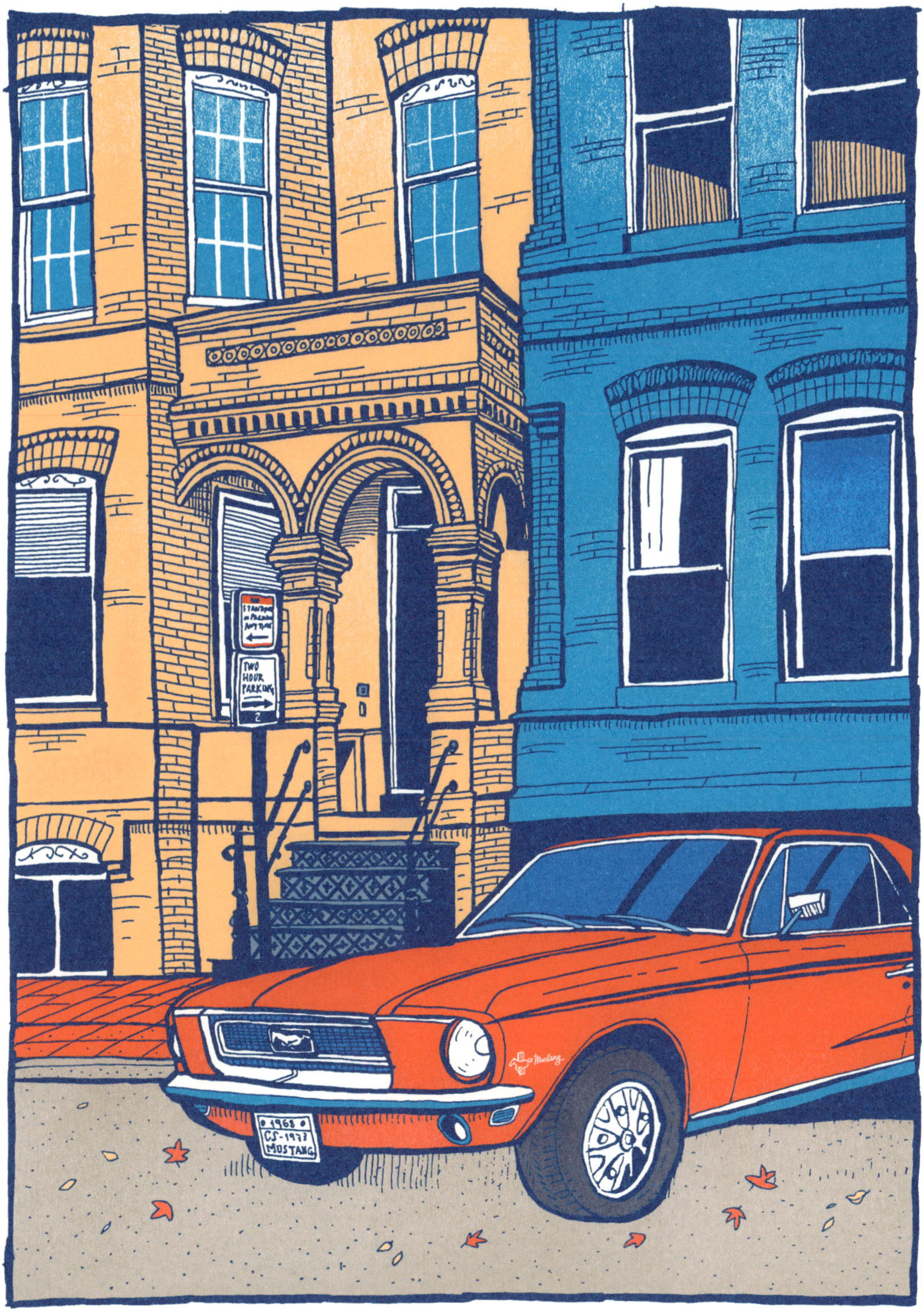

Mustang 1968, Georgetown
Impresión *giclée* sobre papel
Giclée print on paper
420 x 297 mm

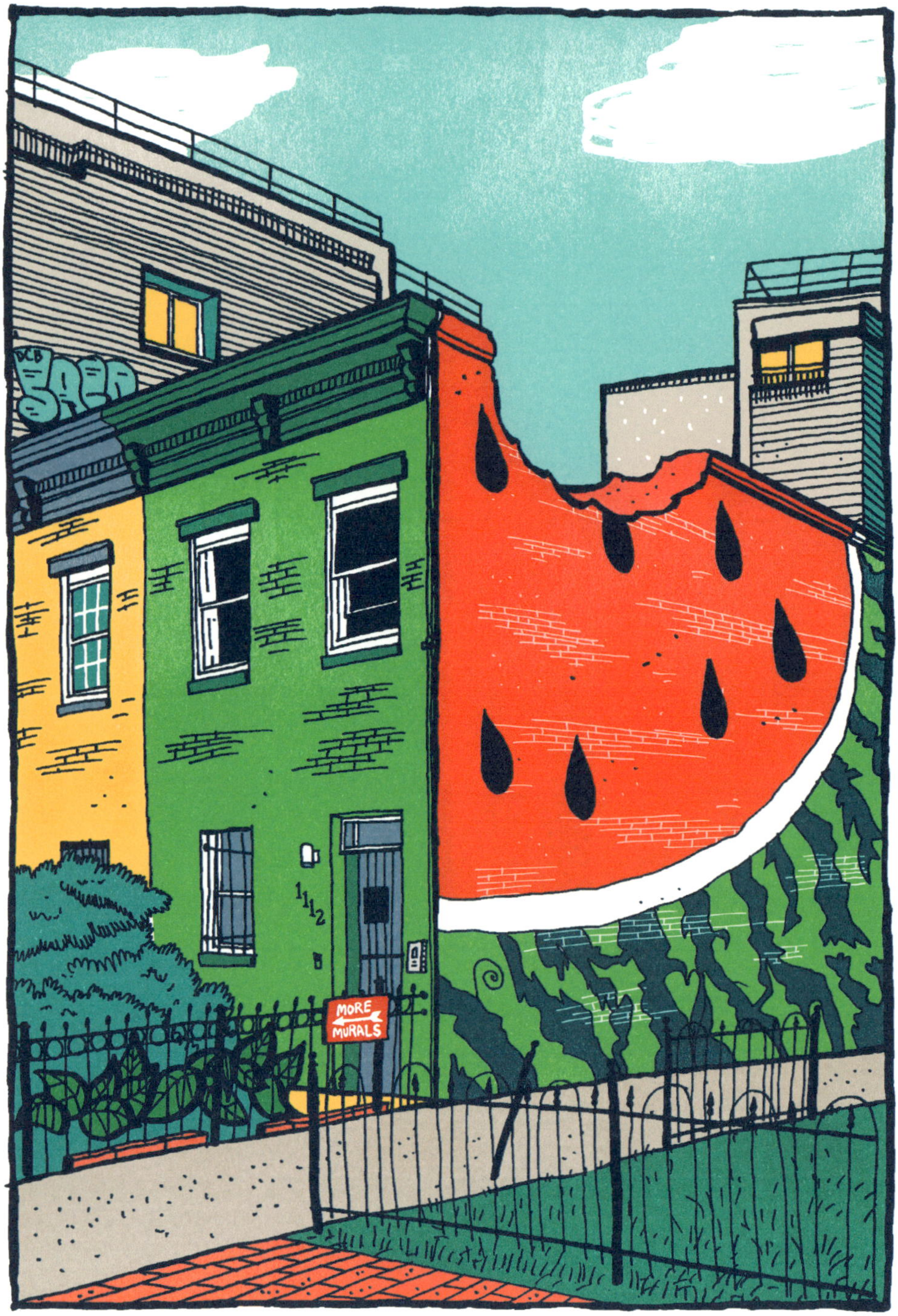

Watermelon House
Impresión *giclée* sobre papel
Giclée print on paper
420 x 297 mm

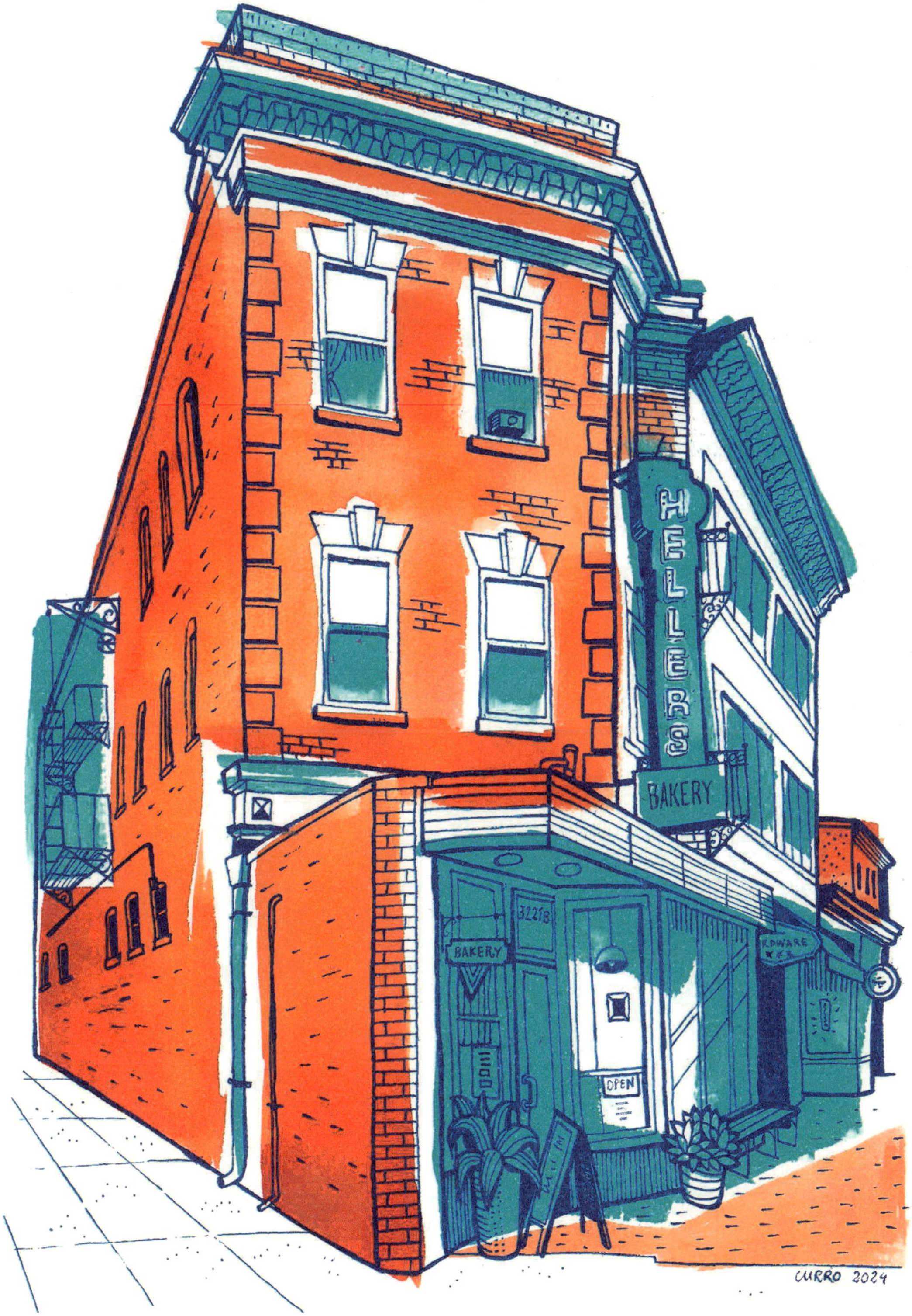

Heller´s, Mt Pleasant
Gouache, tinta y rotuladores sobre papel
Gouache, ink, and markers on paper
420 x 297 mm

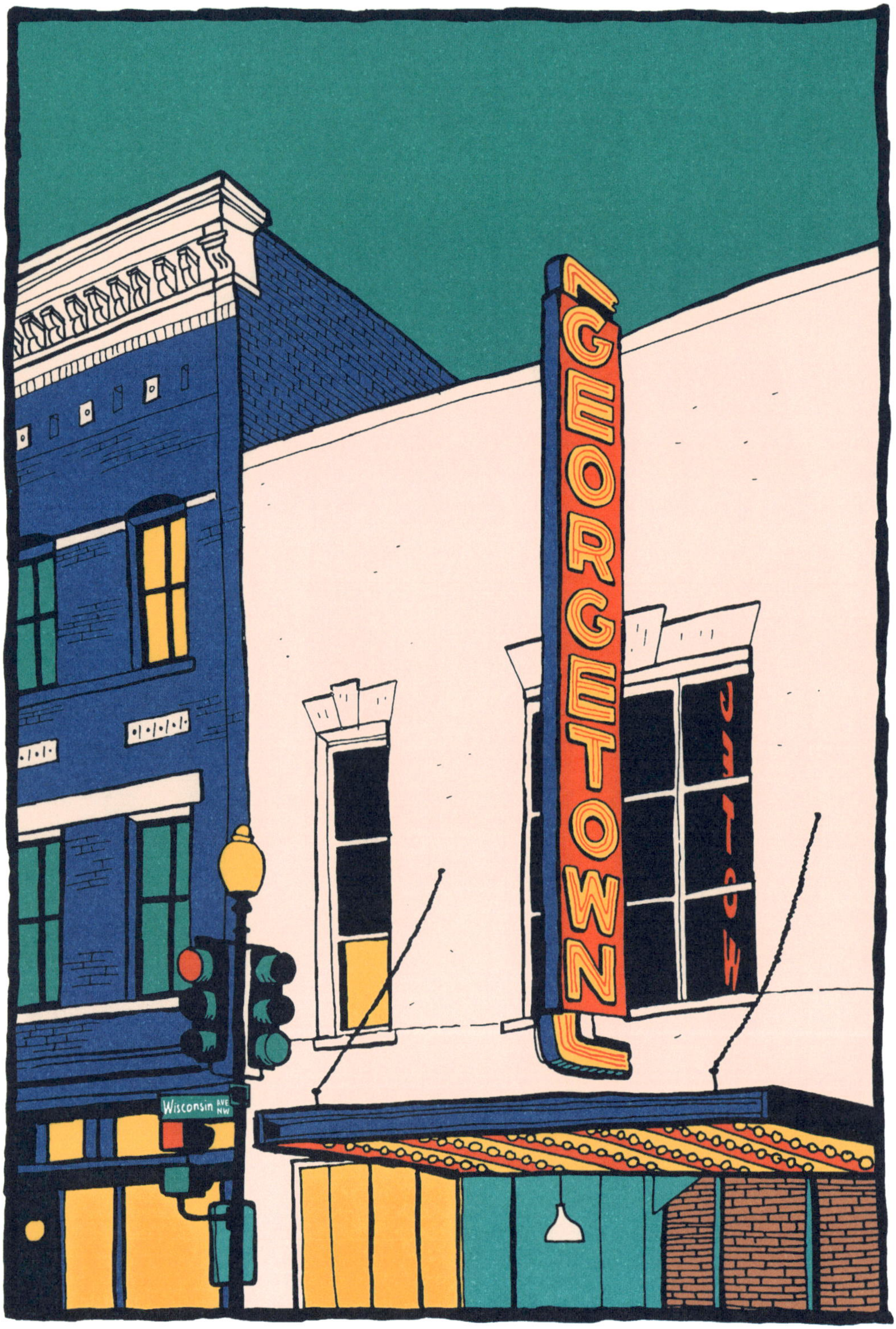

Neón, Georgetown / *Georgetown, neon*
Impresión *giclée* sobre papel
Giclée print on paper
420 x 297 mm

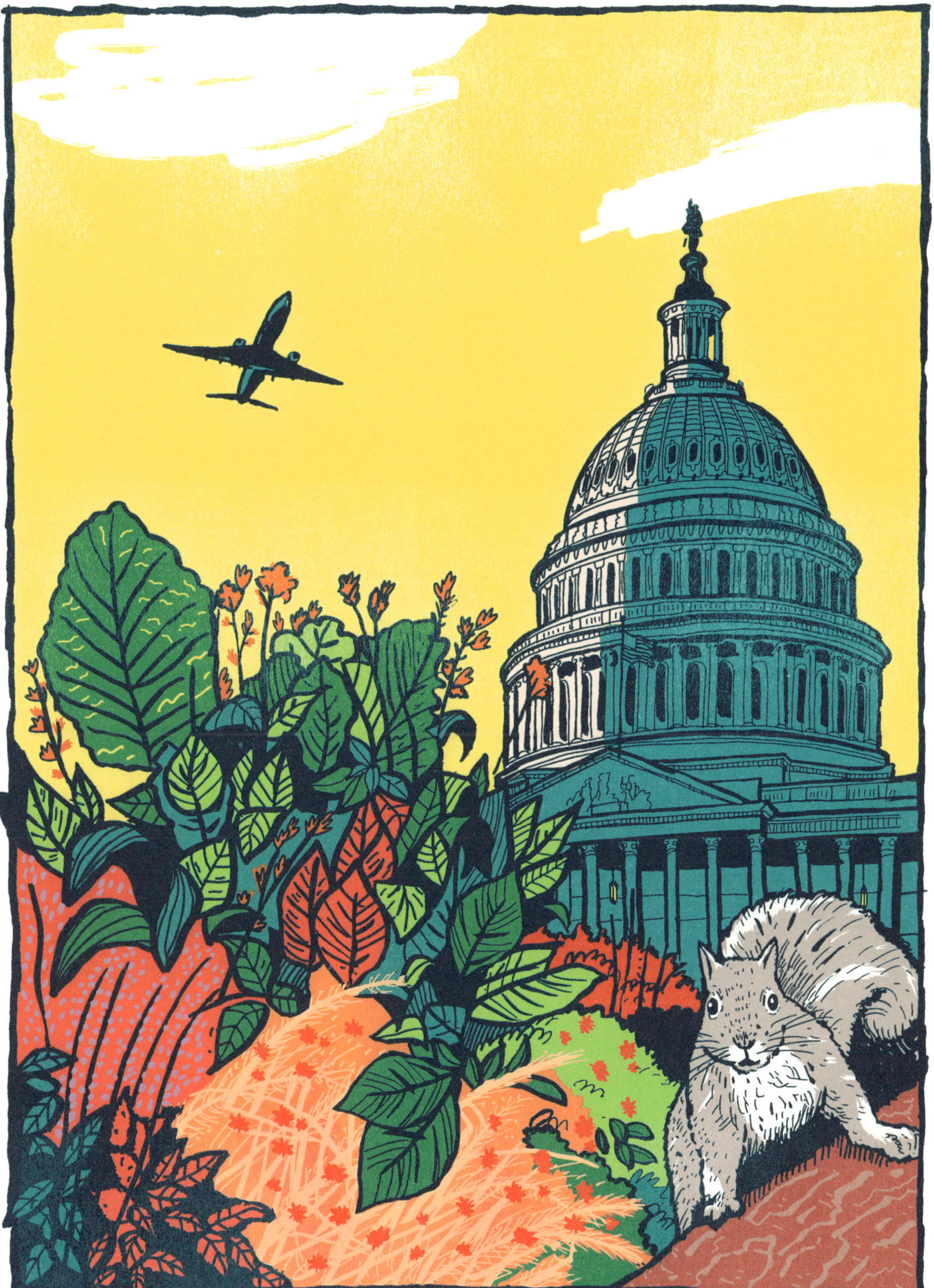

Ardillas y aviones / *Squirrels and planes*
Impresión *giclée* sobre papel
Giclée print on paper
420 x 297 mm

EDICIÓN
PUBLISHER
La Fábrica
Spain USA Foundation

COORDINACIÓN DEL PROYECTO
PROJECT COORDINATION
Oficina Cultural de la Embajada de España en Washington /
Cultural Office of the Embassy of Spain in Washington, D.C.
(Miguel Albero, Paula Sánchez Lahoz, Ana Fernández Quiñones, Juan Luis Cejudo, Andrea Romaní, Sofía Alises)
Fundación Colección ABC / Museo ABC (Inmaculada Corcho, Tamara Cupeiro, Coral González)

OBRAS
WORKS
Cinta Arribas
Javier Chavarría
Joaquín Dorao
Ana Rojo
Antonia Santolaya
Curro Suárez

DISEÑO GRÁFICO
GRAPHIC DESIGN
Susana Blasco

TRADUCCIÓN
TRANSLATIONS
Matthew Clarke

CORRECCIÓN DE TEXTOS
PROOFREADING
Anna Tetas Palau
Matthew Clarke

PRODUCCIÓN
PRODUCTION
Adriana Rodríguez

PREIMPRESIÓN
PRE-PRESS
La Troupe

IMPRESIÓN
PRINTING
Artes Gráficas Palermo

ISBN: 978-84-10024-62-5
DL: M-14393-2025

LA FABRICA

FUNDADOR
FOUNDER
Alberto Anaut

DIRECTOR DE LA FÁBRICA EDITORIAL
PUBLISHING DIRECTOR
César Martínez-Useros

DIRECTORA EDITORIAL
EDITORIAL CONTENT MANAGER
Camino Brasa

DIRECTOR DE DISTRIBUCIÓN
DISTRIBUTION MANAGER
Raúl Muñoz

DESARROLLO EDITORIAL
PUBLISHING DEVELOPMENT
Ignacio Casares

La Fábrica
Verónica, 13
28014 Madrid
T. +34 91 360 13 20
edicion@lafabrica.com
www.lafabrica.com

Las tipografías utilizadas en este libro son Druk Condensed y Schotis, y ha sido impreso en papel Coral Book Natural de 120 g / *The typefaces used in this book are Druk Condensed and Schotis and it has been printed on 120 gram Coral Book Natural paper*

Impreso en España
Printed in Spain

Este proyecto ha sido impulsado por la Oficina Cultural de la Embajada de España en Washington y la Spain-USA Foundation a través de su programa SPAIN arts & culture (www.spainculture.us)
This project was commissioned by the Cultural Office of the Embassy of Spain in Washington, D.C. and the Spain-USA Foundation through its SPAIN arts & culture program (www.spainculture.us)

SPAIN arts & culture

MUSEO ABC
FUNDACIÓN COLECCIÓN ABC

cultura, turismo y deporte | MADRID